D1924347

GOLDMANN
Lesen erleben

Buch

Was bedeutet wahrer Luxus? In der modernen Konsumgesellschaft leben die meisten Menschen im Wohlstand, und doch sind die wenigsten glücklich. Auf der einen Seite sind sie übersättigt vom grenzenlosen Angebot, auf der anderen Seite fürchten sie den sozialen Abstieg. Viele wünschen sich ein Leben ohne Ballast, das Lebensfreude mit Sinnhaftigkeit verbindet.
Der Erfolgsautor, Theologe und Erfinder der »simplify«-Methode Werner Tiki Küstenmacher zeigt, dass Jesus auf der Suche nach einem solchen, wahrhaft glücklichen Leben als Vorbild dienen kann. Die herrliche Fülle des Zeithabens, der unbeschwerten Freiheit, des inneren Reichtums kann mit ihm neu entdeckt werden. Auf seinen Spuren ist jeder in der Lage, in luxuriöser Hingabe an die Menschen, an die Spiritualität und die Natur zu sich selbst zu finden.
Mitreißend interpretiert Küstenmacher die entsprechenden Bibelstellen aus einem neuen Blickwinkel und gibt dabei zahlreiche Tipps, wie Jesus-Luxus sich in jedem Lebensentwurf konkret verwirklichen lässt.

Autor

Werner Tiki Küstenmacher, geboren 1953, ist Theologe, Pfarrer und Journalist. Er begeistert sein Publikum als Autor, Cartoonist, Redner und Schauspieler. Mit der von ihm entwickelten »simplify«-Methode gelangte er in die Bestsellerlisten. Mit seiner Frau Marion ist er Chefredakteur des Beratungsdienstes »simplify your life«. Er lebt in der Nähe von München und hat drei Kinder.

Werner Tiki Küstenmacher

JesusLuxus

Die Kunst wahrhaft verschwenderischen Lebens

GOLDMANN

Alle Ratschläge in diesem Buch wurden vom Autor und vom Verlag sorgfältig erwogen und geprüft. Eine Garantie kann dennoch nicht übernommen werden. Eine Haftung des Autors beziehungsweise des Verlags und seiner Beauftragten für Personen-, Sach- und Vermögensschäden ist daher ausgeschlossen.

MIX
Papier aus verantwortungsvollen Quellen
FSC® C014496
FSC www.fsc.org

Verlagsgruppe Random House FSC-DEU-0100
Das für dieses Buch verwendete FSC®-zertifizierte Papier *Profibulk* von Sappi liefert Igepa.

1. Auflage
Vollständige Taschenbuchausgabe Juli 2011
Wilhelm Goldmann Verlag, München,
in der Verlagsgruppe Random House GmbH
© 2008 Kösel-Verlag, München,
in der Verlagsgruppe Random House GmbH
Umschlaggestaltung: Uno Werbeagentur, München
nach einem Entwurf von 2005 Werbung, München
Umschlagillustration: Werner Tiki Küstenmacher
Autorenfoto Umschlagrückseite: © Werner Tiki Küstenmacher
Illustrationen: Werner Tiki Küstenmacher
Satz: Uhl + Massopust, Aalen
Druck und Bindung: Těšinská tiskárna, a.s. Česky Těšín
CB · Herstellung: IH
Printed in the Czech Republic
ISBN 978-3-442-17266-5

www.goldmann-verlag.de

Inhalt

Man umgebe mich mit Luxus.
Auf das Notwendige kann ich verzichten.

(Let me be surrounded by luxury,
I can do without the necessities.)

Oscar Wilde (1854–1900)

Wie dieses Buch funktioniert

Sie können dieses Buch von vorne nach hinten lesen, müssen es aber nicht. Sie sind herzlich eingeladen, wie bei einem luxuriösen Buffet an *der* Stelle zu beginnen, die Sie besonders anlacht. »Browsen« Sie durchs Inhaltsverzeichnis oder durch das Buch selbst, oder sehen Sie sich die Bilder an, und verlassen Sie sich auf Ihre Intuition. Die führt Sie mit Sicherheit häufig direkt zu der Stelle, die für Sie am wichtigsten ist. So mache zumindest ich das bei Büchern und staune nachträglich immer wieder, wie zielgenau ich bei dem im Augenblick für mich genau richtigen Abschnitt gelandet bin. Im Überangebot von Medien und Informationen sind wir inzwischen alle auf Glück und Gefühl angewiesen, nahezu wie bei einer Lotterie.

Zu fast jedem Kapitel gibt es JesusLuxus-Anregungen. Hier werden die im Text gewonnenen Einsichten in praktische Anweisungen für Ihren Alltag umgesetzt. Sie sind mit einem Orangeton unterlegt. Praktisch orientierte Naturen fangen gern damit an, sozusagen experimentell. Wenn's im richtigen Leben funktioniert, dann sind sie motiviert, auch den theoretischen Hintergrund dazu zu lesen.

Wenn Sie Pfarrer, Religionslehrer oder anderweitig an der Bibel interessiert sind, eignet sich Jesus-Luxus auch als Werkzeug, um biblische Texte aus einem bisher ungewohnten Blickwinkel zu betrachten. Im laufenden Text sind alle biblischen Zitate, die ausführlicher erläutert werden, mit diesem Buch-Symbol markiert.

Falls Sie dieses Buch ganz traditionell von vorne nach hinten lesen, werden Sie spüren, wie die biblischen Erzählungen über Jesus einer Schnur gleichen, auf der die einzelnen Luxusvarianten wie Perlen aufgefädelt sind.

Ich wünsche Ihnen, dass Sie dabei viele Preziosen finden, die Sie Ihrem eigenen Schatzkästchen einverleiben – und möglichst oft in Ihrem Alltag tragen.

Werner Tiki Küstenmacher

Vorwort

Was ein Buch leisten sollte

Ein Buch, finde ich, sollte einen verändern.

Vor allem wer ein Ratgeberbuch liest, sollte sich nach der Lektüre besser fühlen als davor.

Ich habe mir vorgenommen, dass das bei diesem Buch der Fall sein wird. Ich will, dass Sie nach der Lektüre besser drauf sind als vorher. Ich möchte, dass Sie sich leichter fühlen. Dass Sie zufriedener sind mit Ihrem Leben. Und dass Sie mit dieser Haltung auch andere anstecken.

Ganz schön anmaßend, oder? Dass ich es wage, Ihnen ein derartiges Angebot zu machen, hat mit meiner Biografie zu tun. Als ich 1953 geboren wurde, wäre ich um ein Haar gestorben. Genauso wie meine Schwester, die acht Jahre vor mir zur Welt kam und nach nur einer Woche an einer Rhesus-Unverträglichkeit starb. Bei mir erkannte unser Hausarzt im

letzten Moment, welches Medikament mir das Leben retten könnte. Als ich etwa drei Jahre alt war, erwischte mich eine schwere Lungenentzündung, die ebenfalls fast tödlich verlaufen wäre. Aber die Ärzte fanden auch in dieser Situation gerade noch rechtzeitig das Antibiotikum, das mich am Leben hielt.

An all das kann ich mich natürlich nicht mehr erinnern. Aber meine Mutter hat es mir immer wieder erzählt und mir klargemacht, wie dankbar ich für

mein Leben sein kann. So habe ich dieses tiefe Gefühl der Dankbarkeit den Ärzten, der modernen Medizin und der Lebensweisheit meiner Mutter zu verdanken. Ich komme mir vor wie ein begeisterter Zuhörer in einem Konzert seiner Lieblingsband, das eigentlich längst zu Ende ist – aber die Musiker spielen eine Zugabe nach der anderen, und das herrliche Erlebnis geht weiter und weiter.

Ich habe viele Menschen getroffen, die in ihrer Kindheit, ihrer Jugend oder auch später Ähnliches erlebt haben. Aber längst nicht bei allen hat das zu einer dankbaren Grundstimmung gegenüber ihrem Leben geführt. Auch bei mir selbst hat es keineswegs immer gewirkt. Manchmal vergessen wir schlichtweg, dass das Leben größer ist als wir selbst. Dass es etwas gibt, von dem wir getragen werden und dem wir uns verdanken.

Viele Autoren schreiben, damit etwas nicht vergessen wird. So soll auch dieses Buch eine Arznei gegen die Vergesslichkeit sein. Diese Vergesslichkeit gegenüber dem grandiosen Geschenk des Daseins, eines Daseins, das für viele Mitmenschen der Grund ist, schlecht gelaunt, unglücklich und manchmal sogar verzweifelt zu sein.

Dieses Buch, finde ich, sollte das verändern.

1 Warum JesusLuxus?

Wegen Rita

Rita ist Anfang 50, betreibt einen winzigen Laden, der fast nichts mehr abwirft. Monat für Monat kämpft sie mit dem Gedanken, ihn aufzugeben. Rita lebt, so würden Statistiker das wohl nennen, an der Armutsgrenze. Sie könnte längst staatliche Unterstützung

beantragen, aber das wäre ihr zuwider. Ihr Mann, ebenfalls fast ohne Einkommen, hat sie vor ein paar Monaten verlassen, wegen einer Jüngeren. Rita hat ausgerechnet, dass sie mit 200 Euro fürs Essen im Monat auskommt. Der Rest ihrer Einkünfte geht drauf für die Ladenmiete und ihre winzige Wohnung.

Was soll ich von Rita halten? Sie handelt unvernünftig. Zugleich bemitleide ich sie. Sie ist eine Lebenskünstlerin, aber oft auch sehr traurig. Wovon sie denn träume, habe ich sie einmal gefragt. Da hat sie erzählt, wie gerne sie einmal in einem Biergarten sitzen würde, mitten unter den Leuten, mit einer Maß Bier und einem salzigen, völlig überteuerten Brathendl. »Ab und zu mal so ein kleiner Luxus«, hat sie gesagt, und dabei haben ihre Augen geleuchtet.

Das war für mich die Initialzündung für dieses Buch: Was wir Menschen brauchen, ist nicht nur das Lebensnotwendige, sondern das, was darüber hinausgeht und das wir manchmal »Luxus« nennen.

Das ist der Grund, weshalb Rita auch nicht zum Sozialamt geht. Sie hat Angst, dass sie dort vollends auf das Lebensnotwendigste reduziert wird. Dann darf sie gar keine Hoffnung mehr haben auf das teuere Brathendl. Und sie fürchtet, dass der wertvolle Schatz in ihrer Wohnung, Omas luxuriöses Nymphenburger Porzellan, ihr möglicherweise als Einnahme angerechnet wird. Es scheint so etwas zu geben wie ein »Recht auf Luxus«, das sich wohl in keine juristische Kategorie einordnen lässt.

Wegen Anselm

Pater Anselm Grün ist ein berühmter Buchautor, Vortragsredner und Mönch. Er ist praktisch der Finanzchef des Benediktinerklosters Münsterschwarzach und gibt die Millioneneinnahmen aus seinen Büchern und Vorträgen vollständig an das Kloster ab.

Zu seinen Vorträgen fährt er mit der Bahn oder einem gebraucht gekauften Golf. In einem Interview aber hat er einmal gesagt, dass er sich auf der Rückfahrt manchmal einen Cappuccino gönnt, als »kleinen Luxus«. Stimmt, habe ich mir dabei gedacht, ohne solche kleinen Ausreißer sind die Gelübde von Keuschheit, Armut und Gehorsam wahrscheinlich nicht zu ertragen.

Außerdem enthält das Leben eines Benediktinermönchs durchaus so manchen Luxus, den sich eine Mutter oder ein Familienvater selten leisten können: ein fester Tageslauf mit Gebets- und Ruhezeiten, mietfrei wohnen in einem großen Kloster (auch wenn die eigene Zelle recht klein sein mag), »full service« in Sachen Wäsche, Kochen, Putzen.

Das war meine zweite Initialzündung: Luxus besteht nicht aus Besitz, noblem Outfit oder mondänen Partys, sondern vor allem aus einem geregelten Leben, aus Sorgenfreiheit, aus innerem geistigen und geistlichen Reichtum. Ja – eigentlich ein Leben, wie es Jesus geführt hat.

So entstand der Begriff, um den es in diesem Buch gehen soll. Als ich mich näher damit zu befassen begann, wurde mir klar, dass mich die beiden Begriffe »Jesus« und »Luxus« schon lange fasziniert haben.

Wegen Jesus

Seit frühester Kindheit war ich der Ansicht, dass Jesus mein Freund ist. Ich erfuhr, dass er an einem Kreuz starb und dass er der Sohn Gottes war, also jemand ganz Besonderes. Das hat mich aber wenig beeindruckt, oder ich habe es ausgeblendet. Mich begeisterten die Geschichten, in denen er den Sturm stillte, Kranke heilte, Blinde sehend machte, auf wunderbare Weise Unmengen Menschen etwas zu essen oder zu trinken herbeischaffte oder sich bei fremden Leuten zum Essen einladen ließ.

Später erfuhr ich, dass man so etwas Jesusfrömmigkeit nennt. Mein Glaube war von Anfang an kein abstraktes Denk- oder Gehorsamsgebäude, sondern beruhte auf einer menschlichen Beziehung. Jesus lebte neben mir wie ein virtueller Freund. Ohne Worte sprach ich immer wieder mit ihm. Oft stellte ich mir die Frage: »Was würde Jesus tun?« – Noch später begriff ich, dass vieles von diesem Jesus, den ich um Rat fragte und mit dem ich stille Zwiesprache hielt, gar nicht wirklich Jesus ist. Sondern das, was ich mir über ihn zusammenfantasierte. Psychologen nennen das Projektion. Was mich anzieht und fasziniert ist nicht Jesus, sondern die Vorstellung, die ich mir von ihm mache.

Als ich diesen Schock überstanden hatte, habe ich jedoch zu einem neuen, klaren und herrlich hellen Verhältnis zu Jesus gefunden. Ich habe erkannt, dass es nicht nur den projizierten Jesus gibt, der aus meinen Träumen und Wunschträumen besteht, sondern dass es auch ein Abbild Jesu in meiner Seele gibt. Jesus war schon da, lange bevor ich etwas über ihn erfahren habe. Es ähnelte dem Gefühl, als ich langsam entdeckt habe, dass ich nicht nur aus mir selbst, sondern auch aus den Genen und Erfahrungen meiner Vorfahren bestehe. Dieses wohlige Gefühl der Verbundenheit mit Jesus möchte ich den »Jesus der Seele« nennen. Um diesen Jesus wird es in diesem Buch vor allem gehen.

Mit dem neuen Wissen begann ich, die biblischen Berichte über Jesus mit anderen Augen zu lesen. Ich spürte mit einer Art sechstem Sinn, wo die Erzählungen legendenhaft ausgeschmückt waren und wo der wahre, ganz lebendige Kern ist. Das ist mein größter Wunsch an Sie als Leserin oder Leser: dass Sie diesem wahren Jesus des Neuen Testaments näherkommen können.

Ich bin mir sicher, dass Jesus kein Prediger der Armseligkeit und des Kleinen war, sondern dass er erfüllt war vom Reichtum und der Verschwendung des Gottes, der ihn zu den Menschen geschickt hatte. Ein großer, großer Gott, unendlich reich und über alle Beschränkungen dieses Erdendaseins unendlich erhaben. Ein Gott der Pracht und des Luxus und das alles

Millionen Mal prachtvoller und luxuriöser, als wir es beim Aussprechen dieser Begriffe »Pracht« und »Luxus« denken können.

Wegen Luxus

Derzeit ist »Luxus« eines der meistverwendeten Wörter in der Werbung und den Medien. Im Mai 2008 fand Google 1,4 Millionen deutschsprachige Internetseiten, auf denen dieses Wort vorkommt. Weltweit waren es sogar 24 Millionen. Zum Vergleich: Jesus findet sich auf nur 800 000 deutschen Websites.

Was steckt hinter dieser Sehnsucht nach Luxus und Überflüssigem, nach Schönheit und Exklusivität, Prunk und Verschwendung? Einen Schlüssel zur Lö-

sung habe ich in dem berühmten Bonmot des irischen Dichters Oscar Wilde gefunden, das als Motto diesem Buch voransteht: »Man umgebe mich mit Luxus. Auf das Notwendige kann ich verzichten.«

Dieses frech formulierte Paradox zeichnet die Befindlichkeit unserer Zeit treffsicher nach: Wir sind es müde, nur durch unsere ökonomischen Notwendigkeiten definiert zu werden. Existenzminimum, Altersvorsorge, Krankenversicherung, Grundrente, Lebensunterhalt, Beitragsbemessungsgrenze, Arbeitslosenhilfe – immer mehr Menschen haben das Gefühl, dieses staatlich und kommerziell verordnete Menschenbild gehe an ihren wahren Bedürfnissen und Wünschen kilometerweit vorbei.

Der Widerspruch des Luxus

Schon länger beobachten Wirtschaftswissenschaftler verwundert, wie widersprüchlich sich die Verbraucher verhalten, und das in jeder Einkommensschicht: Sie sparen Cents und verschwenden Tausende Euro. Sie fahren kilometerweit, um einen Kopfsalat 20 Cent billiger einzukaufen, wählen aber ohne großes Nachdenken im Reisebüro ein paar Hotelkategorien teurer, als sie sich vorgenommen hat-

ten. Das ist weder Unvernunft noch Unwissen, sondern eine allzu menschliche Eigenheit: Wir wollen es uns ab und zu mal »gut gehen lassen« – völlig unabhängig von unseren realen Einkommensverhältnissen, unserer Vernunft oder anerzogenen Geld- und Geizmustern.

Ich bin zutiefst überzeugt: Wir haben mehr verdient als nur die Befriedigung unserer Bedürfnisse. Das ist durchaus auch als Glaubensbekenntnis im christlichen Sinne zu verstehen.

Der Luxus Jesu

Ich empfinde Jesus als Avantgardisten eines wahrhaft luxuriösen Lebens. Jesus steht für den Luxus, den der Schöpfer auf Schritt und Tritt seiner Schöpfung gönnt: Alles ist im Überfluss vorhanden: Es wächst mehr, als seine Lebewesen je essen können. Bei der Zeugung neuen Lebens werden mehr Samen-

zellen produziert, als jemals nötig wären. Jedes Tier und jede Pflanze haben Zeit und Muße im Übermaß.

Dieser Blick auf einen maßlosen, sich übermütig verschenkenden Gott hat das Lebensgefühl Jesu geprägt. »Macht euch keine Sorgen über den morgigen Tag«, sagt Jesus seinen Freunden. Er propagiert den wahren Luxus, der darin besteht, seinen Job stehen zu lassen und einem Wanderprediger nachzufolgen. Jesus gönnt sich den Luxus, 40 Tage lang in der Wüste zu bleiben. Dann wieder feiert er auf einer Hochzeit und hilft der trinkfreudigen Partygemeinde mit einem politisch völlig unkorrekten Wunder, indem er Wasser in hervorragenden Wein verwandelt. Vor allem aber: Jesus traut den Menschen, auch den ärmsten, unendlich viel zu. Alles ist möglich, sagt er, wenn ihr vertraut. Dieser herrlich einfache Luxus der Fülle ist die Chiffre für das enorme Glücksreservoir und den riesigen Reichtum, den jeder Mensch als Keim in sich trägt.

Glück – simplify – Luxus

Glück war das Signalwort der 1990er-Jahre, mit dem als Erstes versucht wurde, über die einseitig materiell-bedürfnisorientierte Engführung unseres Menschenbildes hinauszukommen. Dann kam *simplify your life* als (durchaus erfolgreicher) Versuch, zu den tieferen Bedürfnissen des Menschen vorzudringen, eben dem einfacheren und glücklicheren Leben. Mit *JesusLuxus* möchte ich dieser Suche nach der Ganzheit des menschlichen Wünschens eine dritte Dimension hinzufügen.

JesusLuxus will eine Einstellung und ein Lebensstil sein, der sich in den heraufziehenden Erschütterungen des weltwirtschaftlichen Gefüges möglicherweise als besonders krisenfest erweisen könnte. Die Menschen brauchen nicht bloß ein paar Euro oder Dollar mehr Einkommen oder Sozialleistungen, sondern ein im vollen Wortsinn reiches, verschwenderisches, luxuriöses Leben.

Warum Luxus?

»Luxus für alle« – so steht es seit einiger Zeit auf vielen, vielen Prospekten. Echter Champagner, Kaviar, seidene Krawatten, ein Humidor für Zigarren, Tickets für einen Schnupperkurs Hubschrauberfliegen, edle Bettwäsche und vieles mehr. Indem die Werbung das

Reizwort »Luxus« aufnimmt, spielt sie mit einer Sehnsucht von uns Menschen, der Sehnsucht nach Exklusivität, nach Schönheit und Genuss. Aber die Antwort, die die Konsumgesellschaft darauf geben kann, ist erschütternd banal: Luxus-Essen, Luxus-Champagner, eine Luxus-Armbanduhr, eine Luxus-Handtasche. Das sind nur Sachen, Dinge. Sie leben von der Hoffnung, dass da zwischen Chrom, Leder und

Messing noch eine besondere Magie steckt: dass eine Prada-Handtasche doch mehr ist als nur ein Behälter, dass die Gucci-Uhr mehr anzeigt als nur die Zeit oder dass man im Luxushotel auf eine märchenhaft andere Weise schläft als zu Hause.

Luxus und Glück

Mir scheint, dass sich seit ein paar Jahren der kollektive Horizont geweitet hat: Nicht nur glücklich will man sein, sondern man will Anteil haben an der Fülle. Man will nicht nur zufrieden sein, sondern ein mög-

lichst großes Stück vom Kuchen haben. Am griffigsten verdichtet sich dieser Wunsch in dem Begriff Luxus.

Auf der anderen Seite gibt es einen deutlichen Überdruss am Immer-Mehr, an der steigenden Komplexität von Gesellschaft und Technik. »Simplify your life« markierte diesen Trend recht treffsicher, mit Floskeln, die einem leicht über die Lippen kommen: Weniger ist mehr. Gewinnen durch Verzichten. Wo immer man das ausspricht, ruft man ein wissendes Nicken hervor. Der Beifall ist einem gewiss: »Ja, wir haben doch schon alles. Wir leben im Überfluss. Es ist gut, auch einmal zu verzichten.«

Aber es ist wichtig, zu unterscheiden zwischen solchem freiwilligen Verzichten und dem erzwungenen Verzicht, dem Menschen ausgeliefert sein können. Dieser Verzicht kann sehr, sehr hart sein. Wenn es nicht nur ein paar überflüssige Pfunde sind, auf die man verzichten muss, sondern wenn ein wichtiger Teil der Lebensqualität verschwindet: wenn einem Asthma die Luft zum Atmen nimmt oder Rheuma jede normale Bewegung zur Qual macht. Wenn die Körperkraft drastisch nachlässt. Wenn das Gehirn nicht mehr so arbeitet wie gewohnt. Wenn einzelne Zellen im Körper unkontrolliert zu wachsen beginnen. Oder wenn das Einkommen zurückgeht. Wenn das Geld nicht einmal mehr für die grundlegendsten Bedürfnisse reicht. Dann kann einem das Wort vom heilsamen Verzicht auch schon mal im Hals stecken bleiben.

Wie hängen Glück und Verzichten genau zusammen? Wann ist weniger wirklich gut? Wann macht es wirklich glücklich, auf etwas zu verzichten? Wann wird Luxus nervig? Und wann ist Luxus ein legitimes Verlangen? Dafür ist es hilfreich, die Begriffe Glück und Luxus einmal etwas näher zu betrachten. Denn siehe da, ihre Bedeutung ist keineswegs so klar, wie es auf den ersten Blick erscheinen mag. Ich sehe wenigstens vier verschiedene Arten von Glück:

Das Zufallsglück

Es ist mehr als nur eine Spielerei, sich mit dem Wort »Glück« zu beschäftigen, denn ein großer Teil der gegenwärtigen Verwirrung in unserer Gesellschaft hängt mit der vielfältigen, schillernden Bedeutung dieses Wortes zusammen. Wir haben nur einen Begriff dafür, wo die Engländer wenigstens zwei haben: »luck« und »happiness«. »Luck«, das ist unser deutsches »Glück haben«, das Zufalls- oder Schicksalsglück: im Lotto gewinnen; zufällig die richtige Aktie gekauft haben; bei einem schweren Unglück mit dem Schrecken davonkommen. »Glück gehabt«, sagen wir, oder »Schwein gehabt«. »Glück kann man nicht machen«, sagen viele Menschen. Doch das gilt vor allem für das Zufallsglück. Dieses Glück kann man nicht erzwingen. Man kann sich ihm höchstens verschließen oder sich bemühen, dafür offen zu sein. Daneben aber gibt es mindestens noch eine weitere Art von Glück. Ein Glücklichsein, das wir sehr wohl beeinflussen können.

Das Wohlfühlglück

Bei dieser zweiten Bedeutung von Glück behelfen wir uns manchmal mit dem englischen Begriff: Heute bin ich »happy«, sagen wir dann. Denn ich habe nicht »Glück gehabt«, sondern ich »fühle mich« glücklich.

Mir ist etwas »geglückt«. Nennen wir es zur besseren Unterscheidung das »Wohlfühlglück«: das Angenehme sehen, das Lustvolle, die guten Empfindungen, die Abwesenheit von Schmerz, Klage und Katastrophen. Das Leben hält glückliche Augenblicke für uns bereit. Augenblicke, für die es sich zu leben lohnt. Es gibt Menschen, die dafür empfänglicher sind als andere. Manche Menschen können glückliche Momente besonders gut zelebrieren und sie auch im kleinen Alltag entdecken: die duftende Tasse Tee, das tiefe Atemholen beim Spazierengehen in der Natur, das Genießen herrlicher Musik.

Andere Menschen tun sich damit härter. Sie erleben solche Glücksmomente seltener, sie sind anspruchsvoller, sie brauchen vielleicht eine große glückliche Menschenmenge (wie im berühmten Sommer 2006 während der Fußball-WM), oder sie haben einfach eine andere Grundspannung von Wohlfühlglück. Dennoch, solche Augenblicke des Wohlfühlglücks kennt jeder.

So klein der glückliche Moment auch ist, er kann einen verbinden mit der ganzen Welt. Dann möchte man weinen vor Freude, dass es so etwas Schönes gibt. Dass ein anderer Mensch oder dass der Schöpfer so etwas Wunderbares für einen tut. Dann möchte man jubeln, rufen, singen. Der christliche Glaube hat dafür eine schöne Vokabel: lobsingen. Das ist mehr als nur singen. Das ist: gezielt wo hinsingen, dankbar sein, jauchzen. Solcher Lobgesang verstärkt das Glück. Er erhebt das Wohlgefühl in eine höhere Dimension.

Das Wohlfühlglück, das so verliebt ist in den Augenblick und sich aufschwingen kann zum höchsten Lob an den Schöpfer, hat allerdings einen großen Nachteil: Es ist nicht von Dauer. Der Grund dafür liegt in der Chemie unserer Psyche. Tief verborgen in der Mitte unseres Gehirns produzieren Neuronen den Botenstoff Dopamin, der dem Opium ähnelt. Empfinden wir ein Erlebnis als angenehm, dann wird diese Substanz im Gehirn verbreitet und verstärkt das gute Gefühl – natürlich nur eine Zeitlang. Wenn das Dopamin verbraucht ist, geht auch das Glücksgefühl deutlich zurück.

Glück ist nicht von Dauer, das gehört zu seinem Wesen. Zumindest zum Wesen von dieser Art Glück, dem chemisch messbaren, das die Naturwissenschaftler derzeit für das eigentliche, wirkliche Glück halten. Das Glück mit dem Lachen auf dem Gesicht, das fotografierbare, hörbare, plakative, durch Umfrageergebnisse erfassbare Glücklichsein. Aber das kann doch nicht alles sein. Es muss noch eine dritte Art von Glück geben.

Das Glück der Fülle

Wer im Neuen Testament nach einer Antwort sucht, wird zunächst enttäuscht: Das Wort Glück kommt hier gar nicht vor, ebenso wenig wie das Wort Unglück. Dabei gab es das Wort und den Begriff im Umfeld Jesu sehr wohl: »Eudaimonia«, einen guten Dä-

mon haben, einen »guten Geist« – das war die antike Idee vom Glück.

Die Menschen damals wussten, dass das Leben aus beidem besteht: aus Momenten der Begeisterung und aus Momenten der Anstrengung, aus Angenehmem und aus Unangenehmem, aus Jubel und aus Enttäuschung.

Das Glück der Menschen zur Zeit Jesu, dafür scheint manches zu sprechen, beruhte auf einer – im Vergleich zu heute – tieferen, umfassenderen Haltung zum Leben. Es war ein Leben der Extreme. Für uns ist das kaum noch vorstellbar, wie nah den Menschen in jenen Zeiten der Tod und das Elend gewesen sein muss. Es gab kaum Schmerzmittel, der normale Alltag war ungleich anstrengender als heute.

Lust und Leid lagen enger beieinander, Prassen und Fasten wurden extremer erlebt als heute. Das Leben schwang weit ausladend hin und her zwischen den Polen von Plus und Minus. Die Lebenskunst bestand darin, nicht nur die Höhen als Lebensglück zu begreifen und aus den Tiefen schnell wieder herauszukommen, sondern beides aus der Hand Gottes zu nehmen: das Auf und das Ab, das Gute und das Schlimme. Und dann in der Summe *alles* als Glück zu begreifen, ohne einen Anspruch zu haben auf ein bestimmtes Maß von ausschließlich positiven Erfahrungen.

Es ist wie im Tanz, wenn wir mit dem Körper das Auf und Nieder zelebrieren, das Zusammensein und die Trennung, die Nähe und die Distanz, die Lust und den Schmerz, das Fröhlichsein und die Trauer.

Man könnte diese dritte Art von Glück als das Glück der Fülle bezeichnen. Im Neuen Testament wird eine solche Glückssituation beschrieben, ein eigentümliches Innehalten zwischen Fülle und Nichts. Es ist ein abendliches Gespräch bei Tisch. Jesus hat mit seinen Jüngern gerade das Passahfest gefeiert, das letzte Mahl vor seinem Tod. An diesem bedeutsamen Punkt am Ende seines Lebens, als draußen der grausame Foltertod am Kreuz auf ihn wartet, bedankt sich Jesus bei seinen Freunden. Er spricht von den Extremen des bisherigen Weges:

»Ihr habt ausgeharrt bei mir in meinen Anfechtungen.
Ich will euch das Königreich geben,
so wie es mir mein Vater gegeben hat.
Dort werdet ihr essen und trinken an meinem Tisch
in meinem Reich und auf Thronen sitzen und
die zwölf Stämme Israels richten.«
Lukas 22,28–30

Ich kann mir vorstellen, wie es totenstill wurde im Abendmahlsraum. Wie mit einem Mal die Essensszene am Tisch eine ganz neue Dimension bekam. Die zwölf Jünger nicht nur als Sinnbild für die zwölf Stämme Israels, das Größte und Heiligste in der Vorstellung eines Juden, sondern: Diese zwölf einfachen Fischer und Handwerker sollen zu Gericht sitzen über die zwölf Stämme Israels! Das bedeutet das Ende des Reiches Israel! Nun beginnt etwas noch Größeres,

noch Universaleres! Das Feiern und das Verzichten, das Essen und das Fasten, das Leben hier in der Zeit und das Leben dort in der zeitlosen Ewigkeit – all das verdichtet sich zu einem Moment, ja, nicht des Glücks oder des Unglücks, sondern zu einem Augenblick der absoluten Fülle.

Jesus lebt in der Fülle, und so liebt er das Leben. Er weiß, dass das Scheitern dazugehört. Dass das Leben nicht denkbar ist ohne den Tod. Aber wer den Tod mit hineinnehmen und mit hineindenken kann in das Leben, der hat damit bereits den Tod überwunden. Das ist die absolute Fülle, das absolute Glück, das alle unsere Übungen von Verzichten und Weglassen weit übersteigt.

Dieses Glück der Fülle kommt dem Traum vom Luxus schon recht nahe. Aber um den vollen Umfang des im Wort Glück enthaltenen Spektrums zu erfassen, braucht es noch eine weitere Dimension.

Die Melancholie

Neben Zufallsglück, Wohlfühlglück und dem Glück der Fülle gibt es noch eine vierte Art von Glück. Wir erleben es, wenn wir uns mitten in diesen drei Arten von Glück unglücklich fühlen. In unserer vom Glück geprägten Gesellschaft gibt es dafür ein Etikett: Depression. Wer es nicht schafft, inmitten von Wohlfahrt, Wohlstand oder Glauben glücklich zu werden, der gilt als krank. Dem fehlen Hormone, vielleicht hat er zu wenig Schlaf, zu wenig Bewegung, er isst zu viel oder falsch. Kurzum: So ein Mensch muss repariert werden.

Warum? Wer setzt das Maß von Lebenszufriedenheit fest, das erreicht werden muss? Es gibt gewiss eine extreme Traurigkeit und ein Fehlen von Lebenswillen, das krank macht und das behandelt werden muss. Davor aber liegt das weite Feld dessen, was man früher Melancholie nannte. Die Schwermut. Eine Weise, das Leben zu empfinden, die von alters her zum Menschsein gehört. Eine nachdenkliche, hochempfindliche Sensibilität, eine wertvolle Fähigkeit des Menschen. Melancholie ist die Kunst, aus größerem Abstand auf sich selbst und seine Umgebung zu blicken und die Banalitäten und Selbstverständlichkeiten des Alltags zu durchschauen.

Der Philosoph Wilhelm Schmid rät, sich mit der eigenen Melancholie zu arrangieren, eine Kunst daraus zu machen und sich mit ihr anzufreunden. Der Melancholie Zeit und Raum im eigenen Leben geben. Sich traurige, grübelnde, graue Gedanken und Tage zu erlauben. Das bedeutet beispielsweise, auch dem Wetter zu erlauben, nicht immer heiter sein zu müssen. Wir verdanken große Taten und Einsichten der Kultur der simplen Tatsache, dass wir in einem Teil der Erde leben, in dem es nicht immer warm und sonnig ist. Dem Unglücklichsein ein Ja zum Leben abzugewinnen, ist die vierte Art von Glück. Dies ist eine wichtige Korrektur gegenüber der in unserer Gesellschaft manchmal anzutreffenden Diktatur des Glücks.

Glück und Luxus

Es ist nicht leicht, Wörter zu finden, die diesen großen Reichtum an Bedeutungen sicher herüberbringen. Oft pickt sich jeder das heraus, was ihm bisher am vertrautesten war. Luxus wird für etliche nach Ausbeutung und Frevel klingen, Glück empfinden viele angesichts so vieler unglücklicher Menschen als obszön.

Trotzdem bin ich überzeugt, dass es sich lohnen wird, ein gutes Verhältnis zu Begriffen wie Reichtum, Glück oder Luxus zu entwickeln. Denn diese Wörter sind nicht nur Vokabeln, sondern sie sind Anker, die herunterreichen bis in die Tiefen unserer Seele.

Um meine Idee vom wahren Luxus zu unterscheiden von den Werbeversprechen und dem einseitig materiell orientierten Luxus, möchte ich ihn *JesusLuxus* nennen.

Warum Jesus?

Dass ausgerechnet der Sandalenmann aus Palästina dafür Pate steht, hat nicht nur mit meiner persönlichen Vorliebe für ihn zu tun. Die Sehnsucht nach mehr als nur dem Notwendigen ist ein zentraler Inhalt des christlichen Glaubens. Jesus ist für mich Vorreiter und Avantgardist eines wahrhaft luxuriösen Lebens.

Gott und Luxus

Jesus wird nicht müde, seine Einheit mit »dem Vater« zu betonen, dem Gott, von dem er kommt und mit dem er in einzigartiger Weise verbunden ist. Jesus steht damit für den Luxus, den der Schöpfer seiner Schöpfung gegönnt hat: Alles ist im Überfluss vorhanden.

Auf unserem Planeten wächst mehr, als die auf ihm wohnenden Lebewesen jemals essen können. Die Sonne sendet mehr Energie, als die Erde jemals nutzen könnte. Ein Baum lässt mehr Blüten blühen, als er braucht. Als unser eigenes Leben entstand, haben sich Abermillionen von Samenzellen aufgemacht, um eins von mehreren Tausend Eiern zu befruchten, die seit der Geburt unserer Mutter in ihr auf diese Befruchtung gewartet haben. Die Aufgabe eines Kirschbaums ist es, im Laufe seines Lebens ein, zwei weitere Kirschbäume in die Welt zu setzen. Dazu produziert er jeden Frühling Zigtausende von Blüten, im Sommer Zigtausende von Kirschen, damit erfreut er nebenbei uns Menschen, ernährt Tausende von Insekten und Vögeln, er verschenkt und verschwendet. Und das ist nur ein Beispiel von vielen Millionen.

Die luxuriöse Schöpfung

In der Bibel ist das sehr schön festgehalten: Der Anfang der Menschheitsgeschichte spielt in einem Garten mit allerlei Bäumen, verlockend anzusehen und gut zu essen, mit einem Strom, der in alle Himmelsrichtungen hinausfließt, um den Garten zu bewässern. Hier kommen wir her, und hier wollen wir gern wieder hin: ins Urlaubsparadies, ins Gartenparadies oder wenigstens einmal schön tief aufseufzen an einem sonnigen Sonntag, um ein »Stückchen vom Paradies« zu erleben.

In Sachen Paradies sind wir allerdings auch etwas geschädigt, weil die Erzählung über diesen Garten Eden kein Happy End hat. Sie schließt mit dem »Sündenfall«. Die ersten Menschen essen die Früchte

des verbotenen Baums der Erkenntnis und werden ein für alle Mal aus dem herrlichen Garten verbannt. Erschüttert erfahren wir danach von der Ermordung Abels und der großen Sintflut.

Aber ich meine, dass wir uns davon nicht zu sehr ablenken lassen sollten. Die wesentliche Botschaft der Paradieserzählung ist doch: Am Anfang war nicht die große Sünde, sondern der große Luxus.

In der Natur wächst mehr, als wir zum Leben brauchen. Dieser üppig ausgestattete Planet bietet selbst in den ärmsten Ländern ausreichend Nahrung und Raum zum Leben. Wo es knapp wird, liegt es fast immer an den Schwächen des Menschen, aber nur selten an den Schwächen der Natur.

Auch bei Jesus findet sich Fülle, Reichtum und Überfluss. Wenn auch nicht auf den ersten Blick. Da scheint Jesus eher ein Freund von Askese und sehr schlichtem Lebensstil zu sein: Er zieht sich zum Beten in die Wüste zurück. Er sendet seine Jünger aus ohne Schuhe und ohne Gürtel. Er spricht in seinen Gleichnissen von den ganz einfachen Dingen, von einem Weizenkorn, einer Herde Schafe. Zum reichen Kornbauern mit seinen großen Vorräten sagt er: Du Narr! Das ist die eine, populäre Seite Jesu: Der Bußprediger im einfachen Gewand.

Aber es gibt auch die andere Seite: Was findet ein Mensch in seinem erdigen Acker? Nicht ein kluges Buch mit Lebensregeln oder ein heiliges Symbol, nein, einen Schatz. Wie reich, wie wertvoll, das wird nicht erzählt, aber der Mann verkauft alles, was er hat, um diesen Schatz zu besitzen. Hier bleibt Raum für die Reichtumsfantasien seiner Zuhörer.

Oder: Jesus verwandelt Wasser in Wein, und zwar

nicht nur in einen offensichtlich sehr guten, sondern auch eine ganze Menge davon. Es wird genau beschrieben: Sechs große Wasserkrüge mit zwei bis drei Maß à 40 Liter, das sind mindestens 500 Liter Wein.

Der Mangel

Es mangelt dieser Gesellschaft an Glauben. Der Jugend mangelt es an Begeisterung. Und an Höflichkeit. Politikern und Wirtschaftsbossen mangelt es an Anstand und Werten. Den Industrienationen mangelt es an Umweltbewusstsein, und zwar massiv. Der Kirche mangelt es an Feuer und Heiligem Geist. Vielleicht mangelt es Ihnen persönlich an Geld, an Liebe, an Gesundheit...? Ich könnte die Aufzählung noch lange fortsetzen. Wenn ich das vor Publikum in einem Saal oder in einer Talkshow täte, würde ich immer wieder Beifall bekommen.

Wir Menschen sind wahre Virtuosen im Empfinden von Mangel, dem großen Gegenspieler des Luxus. Was immer wir auch können, was immer wir besitzen und erreicht haben – stets gibt es eine riesige, unermüdlich nachwachsende Menge von Dingen, die wir *nicht* können, Fähigkeiten, die wir *nicht* besitzen, und Zielen, die wir *noch nicht* erreicht haben. Stets wissen wir, was fehlt, was zu verbessern wäre. Einen großen Teil unserer Intelligenz verwenden wir darauf, um uns selbst und anderen klarzumachen, wie trügerisch die Idylle ist. Dass es keinen Grund zur Entwarnung gäbe. Dass die Gefahren unterschätzt werden. Dass wir längst noch nicht am Ziel sind. Dass Luxus eine Illusion ist.

Es ist eine Spirale ohne Ende. Zugleich ist es eine höchst effiziente Methode, sich selbst dauerhaft unglücklich zu machen und anderen das Leben zu vermiesen. Wenn das eine ausreichend große Mehrheit tut – in einer Familie, einer Firma oder auch in einem Land –, dann entsteht eine Kultur der Angst, des Gei-

zes und der Knappheit: sich einschränken, sparen, bescheidener werden …

Sind viele von uns wirklich arm im Sinne des Mangels? So fragt der Zukunftsforscher Matthias Horx. Auch in den armen Familien stehen Spielkonsolen und Fernseher, und beides wird extensiv genutzt; ungesunde, zu kalorienreiche Fertigprodukte bestimmen die Ernährung; unsinnige Hoffnungen richten sich auf einen Lottogewinn oder den Jackpot in einem TV-Gewinnspiel. Fazit von Matthias Horx: Es ist das falsche Zuviel, das uns arm macht. Knappheit ist nicht das wirkliche Problem.

Wir sprechen zu viel vom Mangel und zu wenig vom wahren Luxus des Lebens. Mit dem Wort vom JesusLuxus möchte ich die Wirklichkeit durch eine andere Brille ansehen. Nicht mit der des Mangels und der Knappheit, sondern mit der Brille der Fülle, des Reichtums und der Verschwendung. Selbstverständlich ist es eine Brille, also *eine* Art, die Wirklichkeit zu sehen. Aber sie ist heilsam, entspannend – und ganz ursprünglich biblisch.

2 Der luxuriöse Jesus

Lassen Sie uns auf der Suche nach dem im besten Sinne verschwenderischen und luxuriösen Leben, wie es Jesus selbst gelebt und anderen empfohlen hat, von einem biblischen Schauplatz zum nächsten schlendern. Wir orientieren uns am Leben Jesu entlang, von seiner Geburt über seine Jahre im ländlichen Galiläa hin zum Einzug in die Hauptstadt Jerusalem, bis zu seiner Verurteilung, seiner Hinrichtung, Auferstehung und seiner Aufnahme in den Himmel. Jede Station hält ihre eigene Art von JesusLuxus bereit. Sie werden sehen: Dagegen ist der Luxus, den Ihnen die Werbung anbietet – der Luxus von Chanel, Cartier, Maybach & Co –, eindimensional und schlicht.

Der Luxus, zeitlos zu leben: Jesu Geburt

Achten Sie einmal darauf: Ein wirklich luxuriöses Auto fährt in der Werbung nicht einfach über die Straße. Es steht – meist vor einem noblen Restaurant oder einem edlen Hotel, und man ahnt, dass da drinnen der Besitzer des Autos gelassen speist oder schläft und alle Zeit der Welt hat. Denn das ist ganz wichtig beim Luxus: dass man für ihn Zeit hat.

Diese Urform des Luxus finde ich auch bei Jesus: Er sitzt im Tempel, so wird berichtet, und sieht den Menschen zu. Er nimmt sich eine Auszeit und fastet 40 Tage in der Wüste. Noch viele weitere kleine Bemerkungen und ausführliche Erzählungen lassen ihn

als sympathisches Vorbild in Sachen Gelassenheit erscheinen. Woher hat er das? Vermutlich hat das mit seiner sehr speziellen Herkunft zu tun.

> *»Es begab sich aber zu der Zeit…«*
> Lukas 2,1

Mit diesem Satz beginnt der Evangelist Lukas seinen Bericht über die Geburt Jesu. Dieser Satz ist ein wunderbarer Einstieg, um sich Jesus anzunähern. Hinter dem unscheinbaren Satz des Lukas steckt eine faszinierende Idee: Gott beschließt, in Gestalt eines Menschen auf die Erde zu kommen. Das heißt, er muss dazu einen bestimmten Zeitpunkt, einen bestimmten Ort und eine bestimmte Person wählen. Er nimmt die Kleinstadt Betlehem in Israel, in der römischen Provinz Judäa, während der Regentschaft des römischen Kaisers Augustus, und als Person wählt er den ersten Sohn der jungen Frau Maria aus nicht näher bezeichneter Familie, verlobt mit dem Zimmermann Josef aus dem Stamm David.

Aus einem göttlichen Beschluss wird ein Geschehen. Eine Idee wird Wirklichkeit. Der gestaltlose Gott bekommt eine Gestalt. Der überall anwesende Gott beschränkt sich auf einen Ort. Der zeitlose Gott begibt sich in die Grenzen der Zeit.

Der Geburtsort und der Geburtszeitpunkt Jesu sind gewissermaßen ein senkrechter Einschlag der Ewigkeit in unsere Zeit. Von daher ist es ausgesprochen

JesusLuxus-Anregung: Erleben Sie das Wunder der Zeitlosigkeit

An der Krippe Jesu gibt es keine Zeit. Dieses Wunder ist sicher einer der Hauptgründe, warum das Weihnachtsfest bis heute so populär geblieben ist: Jedes Jahr aufs Neue wird die Geburt des Jesuskindes Gegenwart. Unser Leben und das Leben dieses Kindes vereinen sich.

Dieses Wunder lässt sich keineswegs nur am 24. Dezember erleben. Probieren Sie es jetzt, hier und heute: Stellen Sie sich eine Krippe mit kleinen Figuren vor. Und dann spüren Sie, wie

klug und konsequent, dass wir unsere Zeitrechnung mit diesem Ereignis beginnen lassen.

Aus diesem singulären Aufeinandertreffen von Ewigkeit und Zeit ergibt sich eine wunderbare Konsequenz, die einen verzaubern kann: In den Reden und Taten Jesu bleibt spürbar, dass er aus einer Welt kommt, die unseren zeitlichen Beschränkungen nicht

Sie ganz klein werden, so klein wie die Krippenfiguren, und in die Szene hineingehen. Stellen Sie sich weiter vor, auch die Zeit würde sich jetzt ganz klein machen. Die Geburt Jesu und die heutige Nacht wären ganz eng beisammen, und dann wären Sie da. Lassen Sie sich von dem führen, was vor Ihrem inneren geistigen Auge erscheint. Vielleicht kommt Ihnen ein Weihnachtslied in den Sinn (das kann auch im Frühjahr oder Sommer passieren) und gibt Ihnen weitere Hinweise für Ihre kleine Fantasiereise in die Zeitlosigkeit.

Der Luxus der Zeitlosigkeit ist mehr als nur mal eine Pause zu machen oder einen längeren Urlaub. Jesu früheste Art von JesusLuxus ist die Freiheit, selbst inmitten bedrängendster Zeitnot, höchster Anspannung oder quälendster Langeweile eine andere Dimension der Zeit zu spüren – gleichsam herauszusteigen aus den Grenzen von Minute, Stunde und Tag und den kosmischen Blickwinkel der Ewigkeit einzunehmen. Manchmal kann schon ein winzig kurzes Gebet so einen Durchstieg in diese andere, allumfassend-universale Ebene sein. Oder auch nur ein Seufzer, ein Atemzug, den der Arzt und Autor Hoimar von Ditfurth mit dem schönen Satz ausgedrückt hat: »Wir sind nicht nur von dieser Welt.«

unterworfen ist – aus der Ewigkeit zu Besuch im Land der Zeit. Dieser Zauber durchströmt bereits den Bericht über seine Geburt. Wie kaum eine andere biblische Erzählung eignet sie sich als Übungsobjekt, um das herrlich luxuriöse Verhältnis Jesu am eigenen Leib auszuprobieren.

Der Luxus, sich nicht beherrschen zu lassen: Jesus und die Fremdherrschaft

Ist Freiheit ein Luxus? Leider ja. Der Normalfall ist die Abhängigkeit. Jedes Lebewesen steht von Natur aus an einer bestimmten Stelle einer Hierarchie. Jeder Mensch ist Teil einer größeren Gemeinschaft: einer Familie, eines Stammes, eines Volkes, einer Gesellschaft. Das spürt der eine kaum, ein anderer erlebt

es als eher angenehm, für wieder andere kann es unerträgliche Unterdrückung bedeuten.

Sich nicht beherrschen zu lassen, ist die Urform des Luxus. Aus dem Traum von der Freiheit entspringen die innigsten menschlichen Wünsche: sich frei bewegen, frei über die eigene Zeit entscheiden, reich sein, sorglos leben, Raum haben, lachen dürfen, sich Vergnügen gönnen. Und, wie Sie noch sehen werden,

etliche weitere, zum Teil verblüffende neue Varianten von Luxus.

Der Luxus, ein freier Mensch zu sein, kann verschiedene Formen annehmen. Wenn Ihre Nachbarn unerträglich sind oder Sie an einer sehr lauten Straße wohnen, besteht der Luxus der Freiheit möglicherweise darin, von dort wegzuziehen. Wenn Sie an Ihrem Arbeitsplatz todunglücklich sind, bedeutet Luxus, kündigen zu können, um an anderer Stelle neu anzufangen. Wer in einem Land lebt, in dem Krieg, Hunger und Verfolgung herrschen, für den bedeutet Luxus häufig Flucht. Auch wenn die Strapazen einer Flucht alles andere als luxuriös wirken, wird das wichtigste Kriterium von Luxus dabei erfüllt: frei zu sein von vermeintlicher Notwendigkeit.

In anderen Fällen bedeutet der Luxus der Freiheit, den Kampf zu wagen. Nicht Sklave zu sein, sondern Rebell. Nicht zu gehorchen, sondern aufzubegehren.

Der Luxus der Freiheit besteht aus verschiedenen Komponenten. Als Erstes denken wir meistens ans

Geld: »Ich kann es mir nicht leisten, von hier wegzuziehen.« »Wenn ich diesen fürchterlichen Job kündige, bin ich arm und arbeitslos.« In manchen Fällen kommt eine Ortsveränderung nicht infrage, weil tatsächlich kein Geld dafür da ist. Viel wichtiger aber ist in der Regel die innere Bereitschaft, Abschied zu nehmen und einen neuen Anfang an einem neuen Ort zu wagen. Luxus ist (wie wir noch öfter sehen werden) nur selten eine Frage des Materiellen, sondern eine Frage der inneren Einstellung und des Willens.

Jesus, ein Flüchtling

Das Leben Jesu begann, so zumindest erzählt es das Neue Testament, mit einer Flucht. Er entgeht seiner drohenden Ermordung durch die Truppen des Königs Herodes, weil seine Eltern mit ihm nach Ägypten fliehen und sich dort so lange versteckt halten, bis die Gefahr vorüber ist.

Jesus wurde geboren in einem Land, das unter fremder Herrschaft stand. Israel war um das Jahr null beherrscht von einer römischen Besatzungsmacht und hat darunter sehr gelitten. So habe ich es immer wieder in Predigten gehört und auch selbst in Predigten gesagt. Und immer habe ich es als etwas empfunden, was weit von mir weg war. Die armen Israeliten. Und wir Deutschen? Wir haben keine Fremdherrschaft mehr. Wir sind eine Demokratie. Wir regieren uns selbst.

Ich beginne jedoch zu zweifeln. Der Abstand zwischen Volk und Regierung in unserem Land hat sich enorm vergrößert, und er vergrößert sich immer mehr. Das sage ich ohne Vorwurf, es ist einfach eine Feststellung. »Die Bürger draußen im Lande«, sagen die Politiker zu uns. Immer öfter höre ich als Bezeichnung für mich Bürger sogar: »der kleine Mann«. Die da oben, wir da unten. Da driftet etwas auseinander,

und es bewegen sich dabei beide Seiten. Der Staat entfernt sich von seinen Bürgern, und die Bürger wenden sich ab von ihrem Staat.

Das ist nur eine von mehreren Entfremdungen. Die da oben, wir da unten – das empfinden viele auch angesichts der großen Konzerne, die sich international ungeniert zwischen den Gesetzen der einzelnen Länder durchmogeln können. Unternehmensführer, die Arbeitskräfte entlassen, wenn sie zu teuer oder zu wenig fleißig sind; die sich selbst immense Abfindungssummen oder gar Schmiergelder zahlen lassen.

Und falls sie, was selten geschieht, deshalb verklagt werden, lässt sich die Sache vor dem Gesetz manchmal durch eine Bußgeldzahlung aus der Welt schaffen.

Das schmerzt, das verletzt, und auch wenn wir die genauen Hintergründe nicht kennen – die Menschen fühlen sich immer machtloser und entfremdeter. Die da oben, wir da unten. Unsere Verhältnisse ähneln darin durchaus denen in Israel zur Zeit Jesu. Ohne es laut zu sagen, warten unsere Herzen auf einen Befreier. Einen Messias, einen Erlöser, der die vermeintlichen Zwänge dieses ungerechten Systems zerschlägt und uns die Freiheit eröffnet, den herrlichen Luxus seiner Schöpfung zu genießen.

Da müsste sich doch etwas von Jesus lernen lassen, der in einer ähnlichen Situation gelebt hat. Schon bei seiner Geburt wird die Entfremdung durch die Macht da oben spürbar.

»Es begab sich aber zu der Zeit«, lautete der Satz, der die Grundlage bildet für den im vorigen Kapitel beschriebenen JesusLuxus der Zeitlosigkeit. Schon in der zweiten Hälfte dieses Satzes geht es um Fremdherrschaft und Entfremdung: »... dass ein Gebot vom Kaiser Augustus ausging, dass alle Welt geschätzt würde«. Diese Steuerschätzung sollte als Berechnungsgrundlage für die Steuern dienen, die an den Herrscher im fernen Rom zu zahlen sind. So verschlägt es Jesu Eltern in die kleine Stadt Betlehem, die Stadt seiner Väter, die aber nicht mehr die Stadt seines Vaters Josef ist, weil der längst nach Norden ins ferne Nazareth gezogen ist.

Wie erlöst nun Gott aus der Fremdherrschaft? Wie bringt er seine Menschen dazu, wieder herauszufinden aus der Entfremdung? In den biblischen Berichten über das Leben Jesu lassen sich vier Schritte dazu entdecken:

Die Fesseln sehen

Die Fremdherrschaft überhaupt erst einmal zu erkennen und zu benennen ist schwieriger, als es aus der Entfernung aussieht. Denn in der Regel geht fremde Herrschaft sehr tief, bis hinein in die Herzen. Wir versuchen in der Regel zunächst, uns mit ihr zu arrangieren, oft zähneknirschend und wütend. Eine Zeit lang, oft eine sehr lange Zeit lang, geht das gut. Aber es höhlt uns von innen aus.

Die Geburtsgeschichte Jesu in der Bibel ist einge-

rahmt von Gesängen über Knechtschaft und Befreiung, von Prophezeiungen über Feinde und Erlösung. Zacharias, der Vater von Johannes dem Täufer, singt nach monatelangem Schweigen anlässlich der Geburt seines Sohnes ein großes Loblied:

Gelobt sei der Herr, der Gott Israels!
Denn er hat besucht und erlöst sein Volk und
hat uns aufgerichtet eine Macht des Heils
im Hause seines Dieners David.
So wie er es vorzeiten durch den Mund
seiner heiligen Propheten sagen ließ:
dass er uns errettet von unseren Feinden und
aus der Hand aller, die uns hassen.
Lukas 1,68–71

Maria, die Mutter Jesu, singt in ihrem berühmten Lobgesang:

Er übt Gewalt mit seinem Arm und zerstreut,
die hochmütig sind in ihrem Herzen.
Er stößt die Gewaltigen vom Thron und
erhebt die Niedrigen.
Er erinnert sich an seine Barmherzigkeit und
wird seinem dienstbaren Israel helfen.
Lukas 1,51–54

Als Jesus dann geboren war und seine Eltern ihn, den Erstgeborenen, nach altem Brauch im Tempel den

Priestern vorstellten, kam die alte Prophetin Hanna zu ihm und pries Gott und redete zu ihm vor allen, so heißt es, »die auf die Erlösung Jerusalems warteten«.

Auf die Erlösung warten: Man muss erst einmal wagen, dies so zu formulieren. Solange wir uns mit der galoppierenden Ungerechtigkeit der Welt abfinden, uns mit den Fesseln (die manchmal aus Gold zu sein scheinen) arrangieren, wir nicht um Veränderung und Erlösung und Befreiung bitten, klagen, schreien – so lange wird es für uns keine Veränderung und Erlösung und Befreiung geben.

Groß von den Menschen denken

Jesus sieht, wie groß die Herrscher und die Mächte sind, die unser Leben fremdbestimmen, aber er denkt noch größer von uns Menschen. Das ist eine wunderbare Eigenschaft aller seiner Reden und Taten. Er sieht die Möglichkeiten in uns, ohne uns wegen un-

JesusLuxus-Anregung: Sehen Sie Nachrichten mit neuen Augen

Sehen Sie sich heute die Nachrichten im Fernsehen an, und schreiben Sie in Gedanken über Ihren Fernseher: »Er stößt die Gewaltigen vom Thron und erhebt die Niedrigen.« Sie können das auch buchstäblich machen und diesen Satz auf ein Spruchband schreiben, das Sie über dem Bildschirm anbringen. Erleben Sie, wie sich dadurch die oft mutlos machenden Berichte aus der ganzen Welt verwandeln: Nichts muss so unerträglich bleiben, wie es ist. Alles ist verwandelbar. In jedem Menschen steckt enorme Kraft.

Machen Sie sich beim Lesen, Hören oder Ansehen von Nachrichten klar, dass Ihnen immer nur ein winziger Ausschnitt der Wirklichkeit vermittelt wird. Spielen Sie das 360-Grad-Spiel: Was wäre neben und hinter dem gezeigten Ausschnitt wohl zu sehen? Was geschah in den Tagen, bevor die Kameras hier auftauchten, was wird danach geschehen? Auf welches Land, welches Problem oder welche Entwicklung gerade die Weltaufmerksamkeit gelenkt wird, darüber herrscht in den populären Medien (TV-Nachrichten, Radionachrichten, Tageszeitungen, Magazine) eine eigenartige Übereinstimmung. Wenn möglich, leisten Sie sich alternative Informationskanäle. Lesen Sie Nachrichten aus dem Ausland oder – noch besser – nehmen Sie Kontakt auf zu real betroffenen Personen.

serer Schwächen und Fehler zu verurteilen. Ich liebe seinen Ausruf: »Du Kleingläubiger!« Petrus war mitten in der Nacht und mitten auf dem See Genezareth übers stürmische Wasser zu Jesus gelaufen. Aber als er den starken Wind sah, erschrak er und begann zu sinken. »Du Kleingläubiger!«, sagt Jesus da. Dieses Wort beinhaltet, dass er hinter dem Kleinglauben Großglauben sieht: großes Vertrauen und riesige Reserven – in Petrus und in jedem von uns.

Ich denke, dass Jesus über Bezeichnungen wie »der kleine Mann« oder »die kleinen Leute« verärgert gewesen wäre. Zumindest hätte er solche Namen als Schimpfworte gesehen und nicht als beschwichtigend oder tröstlich. Die moderne Mystikerin Madeleine Delbrêl hat Jesus einmal als »Gott der kleinen Leute« bezeichnet. Doch das stimmt nur insofern, als Jesus gerne zu den Menschen gegangen ist, die am unteren Ende der Machthierarchien waren. Aber er hat sie niemals als »klein« bezeichnet oder so behandelt. Das ist ein ganz wesentliches Element seiner Botschaft: In der Armut den Reichtum sehen, in der Not die Rettung, in der Kargheit die Fülle, in der erdrückenden Notwendigkeit die Befreiung. Das ist JesusLuxus.

Dorothee Sölle hat einmal auf den Unterschied zwischen Jammern und Klagen hingewiesen. »Da kann man nichts machen«, sagte sie, sei der gottloseste Satz des Alltags. Denn dadurch beteiligen wir uns daran, achselzuckend das Wasser unserer Enkel zu vergiften und uns abzufinden mit den Ungerech-

JesusLuxus-Anregung: Stellen Sie eine Krippe auf

Ersetzen Sie (zumindest eine Zeit lang) Kruzifixe und andere christliche Symbole in Ihrer Wohnung durch eine Krippe. Suchen Sie in Ihrer Weihnachtskiste nach der kleinen Figur des Jesuskindes in der Futterkrippe. Oder stellen Sie eine Postkarte mit der Weihnachtsszene auf. Dann stellen Sie sich in Gedanken noch einmal vor das Jesuskind im Stall. Spüren Sie dabei Ihren kraftvollen Zorn im Bauch, und blicken Sie auf Ihre eigene Größe. Sagen Sie sich: Dieses Kind ist der einzige, wahre Herrscher, vor dem alle Mächte dieser Welt erzittern müssen.

tigkeiten dieser Gesellschaft. Jammern und Resignieren lässt die Fremdherrschaft unbehelligt weiter zu.

Die Klage dagegen fördert das Leben. Vor den Tränen und der Trauer, vor der Wut und dem Schreien der Klagenden haben fremde Herrscher zu Recht Angst. Fremde Herrschaft zu überwinden beginnt mit Räumen, in denen unsere Tränen fließen dürfen, in denen wir uns mit unserer Wut nicht verstecken müssen und in denen die Kraft unserer Tränen und unserer Wut wieder wächst – zu der Größe, die Gott in uns angelegt hat und die er uns daher auch immer zutraut. Diesen Luxus gilt es wiederzuentdecken.

Die Mächtigen kleiner machen

Die Gewaltigen sind in den Augen Jesu schon längst vom Thron gestürzt. Genau das ist verwirrend an unserer gegenwärtigen Situation: Der Staat hat sich übernommen. Die Herrschenden haben faktisch weniger Macht als je zuvor. Der Staat hat mehr versprochen, ohne es bezahlen zu können. Daher muss der Staat von den Bürgern immer mehr fordern. Das treibt in Einzelfällen absurde Blüten. Es gibt Fälle, in denen jemand für eine Erbschaft mehr Steuern bezahlen soll, als die Erbschaft aktuell wert ist.

Die Staatsverschuldung hat unglaubliche Ausmaße erreicht: 1,5 Billionen Euro betrug das Minus zu Beginn des Jahres 2008 in Deutschland, das sind 1500 Milliarden oder 1,5 Millionen Millionen. Eine Summe, die alle Vorstellungen übersteigt und nur durch Umrechnung in andere Einheiten begreifbar wird, zum Beispiel in Zeit: Würde eine neue Regierung den sofortigen Stopp aller Neuverschuldung beschließen und mit der Tilgung des Schuldenberges beginnen, bräuchte sie dazu 630 Jahre. Rechnet man zum offiziellen Staatsschuldenberg noch die Ren-

tenversprechen und staatlichen Pensionsversprechen hinzu, bräuchte Deutschland über 10 000 Jahre, um die in nur 57 Jahren angehäuften Schulden zurückzuzahlen. Fakt ist: Diese Schulden werden niemals zurückgezahlt werden. Jeder, der Staatsanleihen besitzt (z.B. in Form von Kapitallebensversicherungen oder Rentenfonds), hat damit dem Gemeinwesen eine Spende überwiesen. Wer Glück hat, bekommt diese Leihgabe noch zu Lebzeiten zurückgezahlt. Die Mehrheit wird wohl einen Zusammenbruch des gesamten Systems erleben, so wie unsere Väter oder Großväter nach dem 2. Weltkrieg ihre gesamten Ersparnisse verloren haben.

Zugleich geht der staatliche Schutz zurück. Menschen werden von Wirtschaftsunternehmen übervorteilt, von Betrügern um ihre Ersparnisse gebracht, von ihren Arbeitgebern fallengelassen, und der Staat kann sie kaum mehr dagegen schützen.

Die da oben, wir da unten – das gibt es auch als Lebensgefühl gegenüber den großen kommerziellen Medienunternehmen, gegenüber dem riesigen Gesundheitssystem aus Kliniken, Kassen und Ministerien, gegenüber allem, was Macht hat oder Macht zu haben glaubt.

Papst Benedikt XVI. hat das Dilemma des modernen übermächtigen Staates in seiner Enzyklika *Gott ist die Liebe* treffend beschrieben. Vielleicht, weil er als Deutscher gerade diese Thematik selbst gut kennt:

Liebe – Caritas – wird immer nötig sein, auch in der gerechtesten Gesellschaft. Es gibt keine gerechte Staatsordnung, die den Dienst der Liebe überflüssig machen könnte. Wer die Liebe abschaffen will, ist dabei, den Menschen als Menschen abzuschaffen. Immer wird es Leid geben, das Tröstung und Hilfe braucht. Immer wird es Einsamkeit geben. Immer wird es auch die Situationen materieller Not geben, in denen Hilfe im Sinn gelebter Nächstenliebe nötig ist. Der totale Versorgungsstaat, der alles an sich zieht, wird letztlich zu einer bürokratischen Instanz, die das Wesentliche nicht geben kann, das der leidende Mensch – jeder Mensch – braucht: die liebevolle persönliche Zuwendung. Nicht den alles regelnden und beherrschenden Staat brauchen wir, sondern den Staat, der großzügig die Initiativen anerkennt und unterstützt, die aus den verschiedenen gesellschaftlichen Kräften aufsteigen und Spontaneität mit Nähe zu den hilfsbedürftigen Menschen verbinden.

»Liebe wird immer notwendig sein.« Das klingt irgendwie bekannt. Aber im Zusammenhang mit einem Staatswesen, das sich übernommen hat, bekommt dieser Satz großes Gewicht. Politiker sprechen manchmal von der »sozialen Kälte«, die durch Kürzungen bei den

**JesusLuxus-Anregung:
Gehen Sie als Mitbesitzer durch
Ihr Land**

Machen Sie die Mächtigen kleiner. Stellen Sie sich vor öffentliche Bauten, vor Behörden, Ministerien, Brücken, Bahntrassen, Autobahnen, und sagen Sie zu sich: Das habe ich mitfinanziert und damit mitgebaut. Das gehört nicht denen da oben, sondern uns allen.

Sozialleistungen und durch immer abwegiger werdendes Streben nach hohen Renditen in unser Land gekommen ist. Aber in der Bezeichnung »soziale Kälte« steckt der verhängnisvolle Irrtum, dass es durch mehr Geld vom Staat bei den Menschen wärmer werden könnte. Nein, Materielles allein wärmt nicht.

Gewiss: Wer nicht genug hat, um die lebensnotwendigen Bedürfnisse zu befriedigen, wird von der Sorge um das Materielle beherrscht. Aber durch Vollversorgung, Geld oder Wohlstand entsteht nie soziale Wärme. Liebe und Mitmenschlichkeit, Erbarmen und Gnade, Spenden und Geschenke können niemals überflüssig werden, weil der alles und alle versorgende Staat das Elend und die Armut besiegt hat, weil er die Ungerechtigkeit und die Ungleichheit aus der Welt geschafft hat. Anmaßend wäre es, wenn ein Staat so denken würde. Nein, wir erleben eine harte Wahrheit: Eine Vorsorge, die die notwendige, improvisierende, spontane Liebe langfristig überflüssig machen, wegplanen, wegkaufen will, ist falsch verstanden.

Wir müssen Bilder finden für eine warme, menschliche, bunte Zukunft, auch unter viel ungünstigeren wirtschaftlichen Bedingungen. Dabei sollten wir Christen die sein, die am lautesten sagen: Gerade mit einem Mangel an materiellen Gütern kann es schöner, menschlicher, gütiger, freundlicher, liebevoller zugehen!

Das Feuer entzünden

Was kommt nach der Fremdherrschaft? Die Selbstherrschaft, die Autonomie? Das höchste Ideal der Psychologie: der Mensch, der keiner Fremdbestimmung unterliegt? Aber wem ist dieser Mensch verantwortlich? Wie soll er jemals wahre Liebe erfahren? Nein. Autonomie ist für Jesus nicht das höchste Ideal. Sein Gegenentwurf zu Fremdherrschaft ist auch nicht die Gottesherrschaft, sondern: die Liebe. Ihr unterwerfen wir uns, von ihr lassen wir uns regieren, mit ihr regieren wir, und zugleich ist die Liebe das Gegenteil von Regierung überhaupt. Jesus sieht uns als Menschen, die sich als Teil des Reiches Gottes verstehen. Und das Reich Gottes ist wie ein Schatz im Acker, ein Weizenkorn, es ist mitten unter uns.

Mit dem kleinen Kind, geboren in einer Krippe in einem Stall in Betlehem, begann eine Revolution. Ein Funke, der die Herrschaftsverhältnisse auf den Kopf stellte.

Der Luxus, Geschenke anzunehmen: Die Weisen aus dem Morgenland

Im Neuen Testament wird die Weihnachtsgeschichte zweimal erzählt. Vom Wortlaut her am bekanntesten ist die Version des Evangelisten Lukas mit dem »Es begab sich aber…« aus dem Kapitel über den JesusLuxus der Zeitlosigkeit. Bevor Lukas die Geburt Jesu schildert, geht es in aller Ausführlichkeit um zwei Frauen: Elisabeth, die Mutter des späteren Täufers Johannes, und Maria, die Mutter Jesu. Lukas ist der einzige Evangelist, der über die Darstellung Jesu im Tempel nach der Geburt erzählt. Dort begeistern sich der greise Simeon und die 84-jährige Prophetin Hanna für den neugeborenen König der Juden.

Weihnachten – männlich und weiblich

Wegen der vielen Frauen in den Weihnachtserzählungen des Lukas gilt diese als die »weibliche« Version. Eine »männlichere« Weihnachtsgeschichte erzählt der Evangelist Matthäus. Er erwähnt zwar wie Lukas, dass Jesus auf übernatürliche Weise gezeugt wurde – aber nur kurz. Er beginnt sein Evangelium sicher nicht zufällig mit dem Stammbaum Josefs,

dem »Mann der Maria«. Josef, bei Lukas als Verlobter der Maria ein stummer Nebendarsteller, spielt bei Matthäus eine wichtige Rolle in der Heilsgeschichte. Hätte er der Stimme des göttlichen Engels, der ihm im Traum erschien, nicht vertraut, wäre alles ganz anders verlaufen.

Reiche Besucher aus dem Ausland

Dann lässt Matthäus als einziger Evangelist die Weisen aus dem Morgenland die Krippe des neugeborenen Königs der Juden finden. Sie bringen dem kleinen Kind, wie es sich für einen König gebührt, wertvolle Geschenke: Gold, Weihrauch und das als Parfüm verwendete Baumharz Myrrhe. Diese Geschenke gehören zu den eigenartigen kleinen Verlegenheiten der kirchlichen Tradition. Nie wurde ausdrücklich die Frage gestellt: Was ist mit diesem Gold passiert? Wenn Josef und Maria, wie so gerne behauptet wird, sehr arme Leute waren, dann wären sie mit einem so kostbaren Schatz doch schlagartig aus der gröbsten Armut herausgewesen. Oder waren sie so dumm, die Geschenke nicht anzunehmen? Haben sie ihren Wert nicht erkannt? Oder haben sie die Ga-

JesusLuxus-Anregung: Sehen Sie das Gold Jesu

Wenn Sie das nächste Mal eine Darstellung des erwachsenen Jesus sehen – bei einer Heilung, als Prediger, schlafend im Boot, am Kreuz, als Auferstandener usw. –, dann ergänzen Sie vor Ihrem geistigen Auge, wie dieser Jesus zu Hause

noch das Goldgeschenk der Weisen aus dem Morgenland stehen hat. Vermutlich gut versteckt, und Jesus würde auch niemals darüber sprechen. Aber dieser heimliche Schatz gibt ihm Kraft. Wenn er an ihn denkt, weiß er, dass er göttlicher Herkunft ist; dass ihn fremde Gelehrte bei seiner Geburt als neugeborenen König geehrt haben. Kurzum: eine besonders reizvolle verborgene Form von JesusLuxus.

JesusLuxus-Anregung: Hüten Sie einen Schatz

Vielleicht besitzen Sie eine Taschenuhr von Ihrem Großvater, Schmuck von der Großtante, alte Münzen aus der Kaiserzeit, 150 Jahre altes Porzellan oder ähnliche Gegenstände, die für frühere Generationen äußerst wertvoll waren. Die Sachen liegen oft vergessen in irgendeinem Schrank. Schade, denn in solchen Dingen steckt Kraft, die Sie nutzen können.

ben der Weisen als wertvolle Erinnerungsstücke aufbewahrt, ohne sie zu Geld zu machen?

Wie auch immer – ich empfinde es als bemerkenswert, dass der »männliche« Evangelist Matthäus an den Anfang des Lebens Jesu typische Luxusgegenstände der damaligen Zeit stellt, überbracht von wohlhabenden Ausländern.

Holen Sie den Schatz aus seinem Versteck. Lassen Sie ihn, falls nötig, reparieren, und bringen Sie ihn auf Hochglanz. Suchen Sie für den Schatz eine gute Stelle in Ihrer Wohnung, und stellen Sie ihn dort auf. Erzählen Sie anderen, was Sie über das Stück wissen. Machen Sie sich deutlich, welche Entbehrungen Ihre Vorfahren möglicherweise in Kauf nahmen, um sich das kostbare Stück leisten zu können. Falls Ihre Vorfahren diesen Schatz als Geschenk erhalten hatten, würdigen Sie in Gedanken den Schenker. Bedenken Sie, welche Wertschätzung man für Ihre Ahnen empfunden hat, dass es zu so einer großzügigen Gabe kam.
Vor allem Menschen, die sich für klein und unbedeutend halten, können durch eine derartige Sach-Meditation einiges an Ich-Stärke aufbauen. Was für eine Ehre war es, dass Sie diesen Gegenstand bekommen haben! Und was für eine Klugheit steckt in Ihnen, dass Sie ihn noch besitzen!
Falls Sie von staatlicher Unterstützung leben oder sie demnächst beantragen müssen: Haben Sie keine Angst, dass man Ihnen wertvolle Erinnerungsstücke »wegnimmt« oder von Ihnen verlangt, sie zu verkaufen. Besitz wird nicht angerechnet, solange dessen Gesamtwert einen bestimmten Betrag nicht übersteigt. Derzeit liegt diese Grenze, je nach Ihrem Alter, zwischen 4100 und 13 000 Euro.

Die Kunst, einen Schatz zu besitzen

JesusLuxus ist etwas anderes als der Luxus, den man beim Juwelier oder in der Nobelboutique kaufen kann. Doch JesusLuxus kann durchaus auch den Besitz luxuriöser Gegenstände beinhalten. Vor allem, wenn sie Symbole sind für die eigene »königliche« Herkunft und so auf etwas Größeres verweisen.

Mir hat einmal jemand von einer Bettlerin erzählt, die er in Indiens Hauptstadt Delhi auf der Straße gesehen hat. Sie besaß praktisch nichts, aber sie trug einen auffallend großen Ring aus purem Gold. Keiner in ihrem Stadtviertel aber wäre auf die Idee gekommen, so bekam ich erzählt, ihr wegen dieses wertvollen Rings kein Almosen zu geben. Wenn sie auf ihren Schmuck angesprochen wurde, sagte sie: Davon bezahlt ihr einst mein Begräbnis. Die Frau trug diesen Ring, weil er ihr Würde gab, Würde über den Tod hinaus.

Luxus muss nicht aus großem Überfluss und vielen Besitztümern bestehen. Schon ein einziges wertvolles Ding kann dieser nicht lebensnotwendige Luxus sein, den wir so dringend brauchen.

Der Luxus des Feierns: Die Hochzeit in Kana

Die leichte Abendluft ist erfüllt von fröhlicher Musik, von Gelächter und festlicher Stimmung. Es ist Hochzeit in dem kleinen Dorf Kana. Maria ist eingeladen und hat ihren Sohn Jesus mitgebracht, inzwischen ein junger Mann. Es ist sein erstes Wunder, über das berichtet wird und das man sich weitererzählt bis auf den heutigen Tag: Der Wein ist ausgegangen, und Jesus verwandelt sechs große Krüge Wasser in Wein, mindestens 500 Liter (nach Johannes 2,1–12).

Das ist ein echtes Luxus-Wunder. Denn wenn es darum ginge, eine Party zu retten, dann hätte auch eine Art soziales Wunder gereicht: dass die Menschen fröhlich weiterfeiern mit Wasser. Oder dass sich auf wunderbare Weise ihre Trinkgeschwindigkeit verringert und der Wein so bis zum nächsten Morgen reicht. Aber nein, Jesus erschafft wirklichen Wein, und sogar einen so guten, dass seine Qualität ausdrücklich in der Geschichte erwähnt wird.

Die Kunst des Feierns

Ausgelassen feiern zu können ist ein JesusLuxus, der wichtig und relativ einfach umzusetzen ist. Eine Feier ist nicht lebensnotwendig. Man könnte in einer schlichten Zeremonie heiraten. Ganz ohne Wein oder mit nur einem kleinen Glas für jeden. Aber es gibt im ganzen Alten und Neuen Testament keinerlei solche Anweisungen. Es darf gefeiert werden. Lachen hat seine Zeit, Weinen hat seine Zeit, so hat es schon König Salomo in seinem Predigerbuch gesungen.

Das alles ist aber noch keine wirkliche Kunst des Feierns. Es ist einfach ein bisschen Ekstase, sich dem Alkohol hingeben oder dem Essen, mit anderen sprechen, tanzen, singen. Viele Menschen empfinden die zahlreichen Festivitäten, zu denen sie Woche für Woche eingeladen werden, längst als Belastung. Der wahre JesusLuxus ist wohldosiert.

Zur Lebenskunst und zu einem eigentlichen Jesus-Luxus wird Feiern dann, wenn damit ein Ritual verbunden ist: Hochzeit, Geburtstag, Geburt, Tod, all die wichtigen Übergänge im Leben, die »rites de passage«.

Jedes Fest, an dem Sie teilnehmen, ist eine Lektion auf dem Weg zur Kunst, solche Feste selbst auszurichten. Es ist ein wichtiger Schritt zum Erwachsenwerden, die Übergänge in Ihrem eigenen Leben, im Leben Ihres Partners und dem Ihrer Kinder selbst und bewusst zu gestalten.

Wie pompös ein Fest sein sollte

Feiern ist gestalteter Luxus. Für den rituellen Wert einer Feier ist es durchaus wichtig, dass es den Veranstalter auch etwas kostet. Wenn er Geld hat, sollte das Angebot dem Status der Gastgebers entsprechen. Das heißt: Er sollte dadurch nicht arm werden, sich aber auch nicht als Geizhals erweisen. Wenn die Veranstalter wirklich fast mittellos sind (beispielsweise ein Studentenpaar, das heiratet), dann sollten sie deutlich Zeit und Sorgfalt in das Fest investieren.

Feiern ist eine wichtige Art des JesusLuxus, den sich jeder leisten kann – der aber Mühe und Aufmerksamkeit kostet.

JesusLuxus-Anregung: Nehmen Sie aktiv an Festen teil

Lernen Sie von Jesus: Obwohl er nur Gast war bei der Hochzeit in Kana, hat er, als der Wein ausging, die Lösung dieses Dilemmas nicht dem Gastgeber überlassen. Sondern er ist selbst aktiv geworden. Das ist eine gesunde, erwachsene Art, als Gast an einem Fest teilzunehmen.

Wenn Sie eine Einladung annehmen, stellen Sie sich stets die Frage: Was könnte mein wenn auch nur kleiner Beitrag sein, um das Fest gelingen zu lassen? Vielleicht eine Rede halten, eine lustige Einlage vorbereiten, ein originelles Geschenk mitbringen? Halten Sie beim Fest selbst die Augen offen, wo und wie Ihre Hilfe erforderlich sein könnte. Sprechen Sie Menschen an, die alleine herumsitzen.

Das ist nicht nur gut für das Fest und seine Teilnehmer, sondern auch für Sie selbst. Denn dadurch lernen Sie, worauf es zu achten gilt, wenn Sie selbst eine Feier organisieren. Für jede Art von Fest gibt es einen natürlichen Gastgeber: bei einer Taufe oder einem Kindergeburtstag sind es beide Eltern des Kindes, bei dem Geburtstagsfest eines Erwachsenen das Geburtstags»kind« selbst, bei einer Hochzeit ist es das heiratende Paar, bei Firmenjubiläen der Chef. Drücken Sie sich nicht um diese Verantwortung. Überlassen Sie zum Beispiel die Geburtstage in der Familie nicht allein Ihrer Partnerin (»Die macht das immer so schön«), oder lassen Sie sich bei einer Taufe nicht das Heft von den Großeltern des Täuflings aus der Hand nehmen.

Der Luxus, dem Ruf zu folgen: Jesus beruft einen neuen Jünger

»Folge mir nach.« So sagt Jesus zu Beginn seines öffentlichen Auftretens zu seinen Jüngern. Als sie fragen, wohin, nennt Jesus das Ziel: »Ich will euch zu Menschenfischern machen.« Dann heißt es weiter: »Sogleich verließen sie ihre Netze und folgten ihm nach.«
(Matthäus 4,20)

Sie ziehen los, wie sich damals Abraham aufmachte in »das Land, das ich dir zeigen werde«. Als Abraham aufbrach, war das eine Sensation. Er steht für den Beginn einer entscheidenden Epoche der Menschheit: als die ersten Horden nicht mehr einfach an einem

Ort vor sich hin lebten, sondern den Entschluss fassten, einen neuen Ort zu suchen, wo das Leben besser, die Nahrung reichlicher, das Klima erträglicher ist. Das war vermutlich kein demokratischer Beschluss, sondern die Gruppe folgte dem Ruf eines einzelnen Führers oder Rebellen. Und der hatte von jemand oder etwas Größerem eine Eingebung empfangen.

So einen Ruf zu hören und zu befolgen, ist im strengen Sinn nicht lebensnotwendig und daher Lu-

xus. Normal wäre, zu bleiben, wo man ist. Wer einem Ruf folgen will, wird von denen zurechtgewiesen, die bleiben wollen: »Wir sind seit Generationen hier, und es ist immer gut gegangen.« »Wer weiß, was uns an diesem neuen Ort erwartet, der angeblich so viel besser ist.« So spricht die Vernunft des Lebens. Die Argumente ähneln denen, die Rebellen gegen eine Fremdherrschaft zu hören kriegen.

Bei der Berufung der Jünger war es nicht ein Land, das zum Ziel wurde für ein ganzes Volk, sondern ein Bild für ein paar wenige: Menschenfischer sein. Eine auf den ersten Blick merkwürdige Metapher. Aber sie zeigt eindrucksvoll die Struktur eines Rufs, dem es zu folgen gilt. Das neue Ziel besteht aus etwas, das sie kennen und aus etwas Unbekanntem. Wäre es vollkommen neu, ginge es ganz an ihnen vorbei. Der bekannte Teil war bei den ersten Jüngern Jesu der Fischerberuf. Dem fügt Jesus etwas hinzu: *Menschen*fischer. Das ist etwas Neues. Etwas, das offenbar so faszinierend war, dass es in den Herzen der Fischer gewirkt hat.

Der Ruf des Erfolgs

Dieser Ruf, den man hört und dem man folgen möchte, heißt im heutigen Sprachgebrauch »Erfolg«. Dabei hat sich, wie bei so vielem, die Bedeutung etwas eingeschränkt in Richtung Materielles. Und nach wie vor ist es ein Thema, an dem sich die Geister scheiden. »Erfolg macht einsam«, heißt es nicht zu Unrecht. Wer zu neuen Zielen aufbricht und einem Ruf folgt, lässt andere zurück. Er geht das Risiko ein, erfolglos zu bleiben und von den anderen misstrauisch beäugt und dann vielleicht hämisch ausgelacht zu werden.

Das Wort »Erfolg« hat für viele Menschen längst einen schlechten Beigeschmack. Besonders in kirchlichen und intellektuellen Kreisen ist es fast ein Tabuwort geworden. »Erfolg ist keiner der Namen Gottes«, hat Martin Buber einmal gesagt, und dieser Satz wird gern zitiert.

Doch auch wenn das Wort »Erfolg« unbeliebt geworden ist: Das Streben danach ist nach wie vor, wie damals bei den Jüngern Jesu, in allen Gesellschaftsschichten vorhanden. Menschen haben ein Empfinden für oben und unten, für Stehenbleiben und Vorankommen, für Chancen verschlafen und Chancen nutzen. Das Beste aus seinem Leben zu machen, die eigenen körperlichen, geistigen und sozialen Möglichkeiten optimal zu nutzen, das ist Erfolg – ob man nun das Wort selbst dafür gebraucht oder nicht.

Ich übersetze Erfolg für mich mit »dem Ruf folgen«, ob dieser Ruf nun von Gott kommt oder aus dem eigenen Inneren, ob ein anderer Mensch uns ruft oder eine undefinierbare, starke Stimme. Jeder im guten Sinn erfolgreiche Mensch, den ich kenne, kann von so einer Stimme berichten. Wie ihm klar wurde oder ihm jemand anderer klargemacht hat: In dir steckt noch etwas drin. In dir ist eine Sehnsucht, ein Bild, ein Drängen voller Energie oder auch ein eigenartiger Schmerz.

Eines Tages kommt ein Mensch, der das in Ih-

nen wachruft. Oder ein Buch, ein Film, ein Lied, eine Stimme vom Himmel, ein überaus farbiger Traum, eine einsame Erkenntnis mitten in der Nacht. Und dann ziehen Sie los.

Jesus hat für diese Situation einen wichtigen Rat. Er gibt ihn einem Mann, der sich von seiner Familie verabschieden möchte, bevor er sich dem Wanderprediger Jesus anschließt. Aber Jesus sagt: Nein. Lass alles stehen. Kein Abschied.

Wer seine Hand an den Pflug legt und
zurücksieht,
der ist nicht geeignet für das Reich Gottes.
Lukas 9,62

Offenbar war das eine Erfahrung der damaligen Bauern bei der Arbeit mit dem Ochsenpflug: Wer den Kopf nach hinten verdreht und prüft, wie gerade die Furche bisher war, pflügt unweigerlich krumm. In dem Zusammenhang, in dem Jesus diese Weisheit zitiert, wirkt sie sehr hart.

JesusLuxus-Anregung: Folgen Sie Ihrem Urlaubsbild

Der Urlaub ist ein schönes Beispiel für die Kraft eines Zielbildes. Irgendwann taucht so ein Bild in Ihnen auf, wie ein Foto oder ein kurzer Filmabschnitt: ein dunstiger Morgen in den Bergen oder eine Palme an einem Sandstrand mit türkisfarbenen Meer, und dann zieht es Sie dorthin, zu diesem Bild. Dann sparen Sie dafür, nehmen Mühen in Kauf, und

endlich fahren Sie los. Und wenn Sie am Reiseziel angelangt sind und das ersehnte Bild leibhaftig erleben, dann spüren Sie einen wunderbaren Geschmack auf den Lippen: Das ist der Geschmack des Erfolgs, dem herrlichen Gefühl, einem Ruf zu folgen und am Ende eines Weges das Ziel zu erreichen.

Es ist gut, sich solche Szenen aus seinem Leben wie einen Filmausschnitt vorzustellen. Mit welchem Tonfall sagt er das? Was strahlt er dabei aus? Wenn ich Regie zu führen hätte bei der Aufnahme dieser Begebenheit, würde ich Jesus sehr freundlich sprechen lassen, zugleich aber auch sehr klar und aufrecht. Mit ein paar ergänzenden Zeilen: »Du legst jetzt deine Hand an den Pflug. Ab jetzt wird gearbeitet, auf ein großes, wunderbares Ziel hin. Es ist nur ein Pflug, den musst du in die Erde drücken. Aber gezogen wird er von jemandem, der viel stärker ist als du. Du wirst mit uns ein reiches, luxuriöses Leben führen. Wir lassen uns ziehen von einer fantastischen großen Kraft. Damit das funktioniert, brauchst du dich nur dieser Kraft hinzugeben. Schau dorthin und nicht zurück. Da hinten ist so vieles, was dich in die andere Richtung ziehen möchte. Das kannst du jetzt loslassen. Fang gleich damit an.«

Was Erfolg ist

Der folgende Text wird meist dem amerikanischen Dichter und Philosophen Ralph Waldo Emerson zugeschrieben. Es ist jedoch die Überarbeitung eines Gedichts der Amerikanerin Bessie A. Stanley, die damit 1904 einen Wettbewerb des Brown Book Magazine gewann:

Oft lachen und viel lieben.
Den Respekt intelligenter Menschen gewinnen
und die Liebe von Kindern.
Von anerkannten Kritikern anerkannt werden.
Dankbar sein für die Schönheit.
Sich selbst verschenken.

Die Welt ein kleines bisschen besser zurücklassen,
sei es durch ein fröhliches Kind, ein kleines
Stückchen Garten oder
die grandiose Lösung einer großen sozialen Not.
Mit Begeisterung gespielt und gesungen haben.
Zu wissen:
Es gab wenigstens einen einzigen Menschen
auf dieser Welt,
der leichter atmen konnte, nur weil du gelebt hast.
Das ist Erfolg.

Der Luxus, Vater und Mutter zu verlassen: Jesus will seine Mutter nicht sehen

Der Luxus, sich nicht beherrschen zu lassen, erstreckt sich auch auf zwei Personen, die einem beim Wort »Freiheit« nicht unbedingt als Erste einfallen: die eigenen Eltern.

Matthäus erzählt in seinem Evangelium eine Episode mit einem erschreckend schroffen Jesus:

> *Da sprach einer zu ihm: »Siehe, deine Mutter und deine Brüder stehen draußen und wollen mit dir reden.« Er antwortete aber und sprach zu dem, der ihm das sagte: »Wer ist meine Mutter, und wer sind meine Brüder?« Und er streckte die Hand aus über seine Jünger und sprach: »Siehe da, das ist meine Mutter und das sind meine Brüder! Wer den Willen meines Vaters im Himmel tut, der ist mir Bruder und Schwester und Mutter.«*
>
> Matthäus 12,47–50

Was hätte das für eine schöne Szene gegeben: Jesus umarmt Mutter Maria, freundlich und bewundernd legen seine Geschwister die Hand auf die Schulter des berühmt gewordenen ältesten Bruders. Man sieht schon die entsprechenden Altarbilder dazu vor sich. Aber dazu kommt es nicht. Jesus deutet auf seine

Jünger und sagt: »Das ist meine Mutter, und das sind meine Brüder!« Schluss. Er lässt seine später in der christlichen Tradition so berühmte und verehrte Mutter einfach stehen.

Der Blick nach vorn

Dieser harte Jesus hat mich früher erschreckt. Aber inzwischen verstehe ich ihn besser. In der herkömmlichen Psychologie beschäftigen wir uns viel mit unserer Kindheit, mit unseren Eltern, mit den Fehlern der Erziehung und den vielen kleinen und großen Verwundungen aus dieser Zeit. Das ist nicht prinzipiell verkehrt. Aber wenn wir dabei nur zurückschauen, alte Verletzungen, Kränkungen und Ängste wieder und wieder durchkauen und sie dabei festhalten und aufbewahren – dann brauchen wir uns nicht zu wundern, wenn die Furchen unseres eigenen Lebens krumm werden. Wer zurückschaut, ist nicht geeignet für das große Ziel des Lebens. Der wird nur Augen haben für die kleinen Notwendigkeiten und nicht für das Große, Luxuriöse, Wahre, das die dumpfen Notwendigkeiten des Alltags weit übersteigt.

Die Kraft der Ahnen

Würden Sie sich umschauen, würden Sie staunen, wie geradlinig und kraftvoll die Spur hinter Ihnen ist. Aber das brauchen Sie gar nicht. Ihre Vorfahren haben Sie auf die Welt gebracht, damit Sie die uralte, gerade und fruchtbare Furche weiterpflügen.

Wenn Sie selbst keine Kinder haben konnten, sollten

Sie einen Teil ihrer Energie und ihres Besitzes in Projekte stecken, die über Ihr privates Leben hinausgehen: Hilfsorganisationen, Patenkinder, Freunde, Kirchen, Gemeinschaften. Damit geben Sie etwas von der empfangenen Energie an die Allgemeinheit zurück. Das ist wichtig, um in guter Weise am Strom des Lebens teilhaben zu können.

Der Kampf der Eltern gegen die Kinder

Jesus weiß allerhand über das schwierige Verhältnis zwischen Eltern und Kindern. Eine Episode macht das besonders deutlich:

Es ist Abend geworden in einem der kleinen Dörfer in Galiläa, die sengende Hitze des Tages hat sich verwandelt in wohlige Wärme. Es wird schnell dunkel. Jemand zündet eine Fackel an, die gegen die Dunkelheit ankämpft. Jesus sitzt auf einer Mauer, umgeben von seinen Freunden und allerlei Zuhörern und Zuhörerinnen aus dem Ort. Den ganzen Nachmittag lang hat er schon Fragen beantwortet und Geschichten erzählt. Jetzt verändert sich sein Blick. Ich spüre das Erstaunen der Zuhörer, als seine Augen ins Feuer blicken und er von einer fernen Zeit zu reden beginnt:

»Ich bin gekommen, um auf Erden ein Feuer anzuzünden. Was wollte ich lieber, als dass es schon brennt! Meint ihr, dass ich gekommen bin, Frieden zu bringen auf Erden? Ich sage: Nein, sondern Zwietracht. Ich bin gekommen, um das Schwert zu bringen. Denn von nun an werden fünf in einem Haus uneins sein, drei gegen zwei und zwei gegen drei. Es wird der Vater gegen den Sohn sein und der Sohn gegen den Vater, die Mutter

JesusLuxus-Anregung: Spüren Sie Ihre Vorfahren

Ich habe an psychologischen Übungen teilgenommen, bei denen man die Eltern *hinter* sich gespürt hat. Das waren neue, sehr gute Erfahrungen.
Diese Übung können Sie auch für sich alleine durchführen: Setzen Sie sich aufrecht auf einen Stuhl, wenn Sie allein im Zimmer sind. Schließen Sie die Augen, und stellen Sie sich (wenn Sie ein Mann sind) vor, direkt hinter Ihnen steht ihr Vater (gleichgültig, ob er noch lebt oder bereits tot ist). Fühlen Sie, wie er seine Hände auf Ihre Schultern legt. Dann stellen Sie in Gedanken hinter Ihren Vater dessen Vater, Ihren Großvater. Dahinter den Urgroßvater usw. Als Frau versammeln Sie in Gedanken Ihre Mutter und Großmütter.
Das fühlt sich immer gut an, auch wenn Sie mit Ihrer Mutter oder Ihrem Vater momentan im Unreinen sind. Spätestens bei den Gedanken an Ihre Großelterngeneration stellt sich auch bei schwierigen Familienkonstellationen eine friedlichere Stimmung ein. Es fühlt sich an wie die Gewissheit der geraden, tiefen und kräftigen Furche, die der Bauer am Pflug hinter sich spürt. In diese Furche kann er säen. Es wird wachsen, gedeihen und Segen bringen. Was auch immer geschehen ist an Sünden, Streit oder Verbrechen, eines haben Ihre Eltern, Großeltern und Urgroßeltern vollbracht: Sie. Ohne all die Eltern vor Ihnen wären Sie nicht da. Dieser absolut lückenlosen Vorfahrenreihe, soviel Streit, Gewalt, Kummer oder Böses dabei auch eine Rolle gespielt haben mag, dieser Reihe verdanken Sie Ihr Leben. Darin liegt eine ganz simple und starke Kraft.

gegen die Tochter und die Tochter gegen die Mutter, die Schwiegermutter gegen die Schwiegertochter und die Schwiegertochter gegen die Schwiegermutter.«

Lukas 12,49–53

Ein Jesus, der Zwietracht bringen will? Ein Feuer anzünden? Die normale Reaktion auf solche Äußerungen: Der ist verrückt. Genau so hat seine Familie das auch gesehen. Es gibt einen Bericht, wie die Angehörigen Jesu losziehen, um ihn festzunehmen. Sie wollen ihn der Gesellschaft nicht mehr zumuten.

Wie sollen wir umgehen mit diesem schroffen, kämpferischen Jesus? Ich glaube, man muss solche Äußerungen im Zusammenhang sehen mit seinen übrigen Reden. Wenn es einen gemeinsamen Nenner der Botschaft Jesu gibt, dann der: Kehrt um! Ändert euch! Lasst euch verwandeln von einem Gott, der alle Grenzen sprengt, der fortwährend Neues schafft. Seht, das Alte ist vergangen, etwas Neues wird entstehen. Das ist immer auch schmerzhaft, das macht einen sprachlos und ratlos.

Die Schwierigkeit, sich zu ändern

Für so eine Botschaft gibt es den modernen Begriff »Change Management«: Veränderung gestalten und organisieren. »Change Management« beginnt im Kopf. Bevor wir neu handeln, müssen wir lernen, neu zu denken. Alles, was wir bisher für selbstverständlich gehalten haben, muss auf den Prüfstand. Ich kann mir gut vorstellen, dass Jesus mit seinen radikalen Reden genau das wollte: Schließt keinen falschen Frieden mit dem Gewohnten. Sät Zwietracht in euren Ideen, benutzt das scharfe Schwert der Unterscheidung, lasst in euren Gedanken keinen Stein auf dem anderen. Werdet neu!

Es war immer schwer, sich zu verändern. Es gibt eine große Studie über Patienten, die eine Bypassoperation hinter sich haben. Das ist ein schwerwiegender

Eingriff am Herzen, eine Maßnahme, ohne die der Patient mit Sicherheit gestorben wäre. Ein Mensch, der eine Bypassoperation überstanden hat, hat ein neues Leben gewonnen. Nach einer solchen Operation führt der Arzt mit dem Patienten ein sehr ernstes Gespräch. Der medizinische Eingriff hat nur Sinn, wenn der Patient sein Leben radikal ändert: sehr bewusste Ernährung, keinesfalls mehr rauchen, absolute Stressvermeidung, genau dosierter Sport usw. Wie viele Bypass-Patienten ändern nach diesem medizinischen Wunder, das sie glücklich überlebt haben, ihr Leben?

JesusLuxus-Anregung: Ändern Sie Ihre Bezeichnung für Gott

Die meisten Menschen bezeichnen Gott mit dem Namen, der in ihrem Umfeld gebräuchlich ist: Gott, Vater, Jesus, Herr, Allmächtiger, lieber Gott, Herrgott usw. Die feministische Theologie hat uns zum Nachdenken über diese Gottesnamen gebracht. Seitdem sagen viele bewusst nicht mehr »Herr« oder »Vater«. Stattdessen hört man »Gott, unser Vater und unsere Mutter«. Es ist an der Zeit, noch einen Schritt weiter zu gehen.

Bezeichnen Sie Gott weder als »Vater« oder »Herr« noch als »Mutter«. Wenn Sie das Bild von Gott als Elternteil loslassen, werden Sie eine große Befreiung erleben. Denn dann löst sich auch die unselige Verknüpfung zwischen Ihren eigenen Eltern und der Gottesvorstellung. Menschen sind böse auf Gott, weil sie böse sind auf ihren eigenen Vater oder ihre eigene Mutter. Oder sie sind böse auf ihre Eltern, weil sie böse sind auf Gott. Das gilt es, zu verstehen, dann aber hinter sich zu lassen.

Es sind gerade einmal zehn Prozent. Das ist interessanterweise der gleiche Prozentsatz, den auch Jesus bei seinen Patienten nach einem Heilungswunder erlebt (Lukas 17,11–19). Von zehn Leprakranken, die er geheilt hat, kehrt nur einer zu ihm zurück, um Gott zu preisen und sich zu bedanken: zehn Prozent.

Das Wunder des Sich-ändern-Könnens

Sich ändern, das hängt ganz stark zusammen mit dem Erwachsenwerden, auch in geistlicher Hinsicht. Und das bedeutet immer: Vater und Mutter verlassen. Dazu gehört auch, das Bild zu verlassen, dass Gott ein Vater oder eine Mutter sei. Gott ist kein Vater. Auch keine Mutter. Jesus selbst hat Gott oft Vater genannt. Er hat uns beigebracht, so zu beten: »Vater unser…« Aber wie bei seinen anderen Gleichnissen ist unausgesprochen immer klar, dass dies Bilder sind, Vergleiche, Krücken. Geistlich erwachsen werden heißt, diese Bilder zurückzulassen und immer wieder andere zu erproben: Gott als Freund, als Größten, als Welt, als Atom, als Energie, als Untergebenen, als Geringsten, um irgendwann gar keine Bilder mehr zu benötigen.

Bastian im Änderhaus

Michael Ende erzählt in seinem großen klugen Märchen *Die Unendliche Geschichte* von einem Jungen namens Bastian. Der gelangt beim Lesen eines Buchs in die Welt der Fantasie, das Land Fantasien, und erlebt dort viele Abenteuer. Um ein Haar wäre er dort sogar Kaiser geworden. Doch dann lernt er, wie gefährlich es ist, das ganze Leben in diesem Reich der Fantasie gefangen zu sein und niemals erwachsen werden zu können. Er hat nur noch einen Wunsch: Wie komme ich hier raus? Am Ende seines langen Weges gelangt er ins »Änderhaus«. Ein Haus, das sich selbst ständig verändert. Dort drin lebt eine ältere, sehr liebe und mütterliche Frau. Bastian muss im Änderhaus seinen letzten Wunsch finden: Das ist der Wunsch, zu lieben. Von sich selbst wegzudenken, sich an andere zu verschenken. Das erlöst aus dem Kindsein. Als Bastian diesen Wunsch endlich gefunden hat, verabschiedet ihn die »Mutter«. Er darf gehen.

Noch eine letzte Nacht darf er im Änderhaus schlafen. Als er am Morgen erwacht, ist die »Mutter« nicht mehr da. Nur so können wir uns wirklich ändern. So können wir selbst Vater und Mutter werden. Und so wird es uns eines Tages selbst ergehen, wenn unsere Kinder uns verlassen.

Der Luxus des Sakraments: Jesus zieht sich zurück

»Mysterium« sagten die ersten Christen dazu. »Geheimnis« oder »Sakrament« nennen wir es heute: die sichtbaren Zeichen unseres Glaubens, Gotteserfahrung zum Anfassen. Taufe und Abendmahl sind die gemeinsamen Sakramente der beiden großen christlichen Kirchen.

Ein Sakrament ist durchscheinend für das Große, Ganze, Ewige. Unscheinbare Dinge – ein bisschen Wasser, ein Stück Brot, ein Schluck Wein – werden zum Durchstieg in eine andere Dimension.

Ein Sakrament ist im wissenschaftlich-medizinischen Sinn nicht lebensnotwendig. Auch ein Sakrament ist daher Luxus, sogar in einer besonders kuriosen Variante, denn es ist Luxus in extrem bescheidener Darbietungsform: Das bisschen Brot macht den Körper nicht satt. Das bisschen Wasser der Taufe wäscht einen nicht. Das bisschen Salböl heilt keine Krankheit. Aber solche sichtbaren Zeichen der Gotteserfahrung bereichern das Leben in viel tieferer Weise, als es luxuriöser Schmuck, ein Luxushotel, ein Luxusurlaub oder andere Luxusgegenstände könnten. Sakramente verleihen dem flachen Dasein Tiefgang, sie geben dem grauen Alltag ungeahnte Farbtöne.

In der katholischen Kirche gibt es insgesamt sieben Sakramente: neben Taufe und Eucharistie (dem gebräuchlichen katholischen Namen für das Abendmahl) sind das Beichte, Ehe, Priesterweihe, Firmung und Krankensalbung, die früher »Letzte Ölung« hieß. Das sind zumindest die sieben offiziellen Sakramente. Denn Zeichen des Glaubens gibt es noch viele mehr. Sie dürfen gerne neue entdecken. Zur Anregung möchte ich Ihnen ein paar solcher neuen Sakramente vorstellen, die alle auf Taten Jesu beruhen.

Das Sakrament der Stille

Wir wissen von Jesus, dass er sich immer wieder einmal zurückgezogen hat. »In die Wüste«, hat man da so in Erinnerung, und dass er dort 40 Tage lang gefastet hat. Das wird allerdings nur ein einziges Mal berichtet. Diese extreme Übung führte Jesus durch, bevor er dem Teufel begegnete und von ihm dreifach in Versuchung geführt wurde. Mehrfach wird dagegen erzählt, dass er in die Einsamkeit ging, und es ist aufschlussreich, in welchem Zusammenhang er das tat.

Am Abend aber, als die Sonne untergegangen war, brachten sie zu ihm alle Kranken und Besessenen. Und die ganze Stadt war versammelt vor der Tür. Und er half vielen Kranken, die mit allerlei Gebrechen beladen waren, und trieb viel böse Geister aus und ließ die Geister nicht reden; denn sie kannten ihn. Und am Morgen, noch vor Tagesanbruch, stand er auf und ging hinaus. Und er ging an eine einsame Stätte und betete dort.

Mk 1,32–35

»Die ganze Stadt war versammelt vor der Tür.« Ganz gleich, ob das eine orientalische Übertreibung ist oder nicht, es war jedenfalls Schwerstarbeit, die Jesus dort geleistet hat. Nicht körperliche Schwerstarbeit. Da würde es genügen, sich danach ordentlich auszuschlafen. Nein, das war Seelenarbeit, und die Seele ist dabei erschöpfter als der Körper. Ja, sie lässt manchmal den Körper gar nicht zur Ruhe kommen. Sie lässt einen aufstehen vor Tagesanbruch. Was die Seele dann braucht, ist Einsamkeit, Stille, Gebet. Kein Gebet, bei dem man viel sagt. Sondern eines, wo man viel hört.

Das Sakrament der Einsamkeit und Stille wünsche

JesusLuxus-Anregung: Absolut nichts tun in einer leeren Kirche

Setzen Sie sich in eine leere Kirche, und tun Sie nichts. Nehmen Sie nur den Raum in sich auf – ja, eigentlich nicht einmal das. Seien Sie einfach nur da.
Dann werden Einsamkeit und Stille zu Sakramenten. Das bedeutet, sie werden durchsichtig für das Ewige, durch sie hindurch scheint Gott. Viele Menschen meinen, in der Versenkung, der Meditation würden sie Gott begegnen. Nein,

das geschieht nicht. Alles, was man in der Einsamkeit und Stille erlebt, ist Einsamkeit und Stille. Und das ist wunderbar. In der wirklichen Einsamkeit und Stille gibt es nicht einmal mehr Gedanken. Endlich kommen Geist und Seele zur Ruhe. Das Einzige, was noch fließt, sind Atem und Herzschlag. Endlich, endlich müssen die Hände nicht mehr helfen, die Seele muss sich nicht mehr sorgen, der Geist muss nicht mehr beten. Atem und Herzschlag haben das Beten und Handeln vollständig übernommen.

ich mir auch in unserer Kirche, als festen Punkt im Ablauf eines Gottesdienstes. Dort wird immer geredet, erläutert, gepredigt, gebeten und gebetet. Wäre das schön, wenn da wirklich mal Stille wäre. Die Gottesdienste der Quäker sollen ja so sein: Man ist einfach zusammen und schweigt.

Deswegen liebe ich leere Kirchengebäude. Den Zauber des Raums nach einem Gottesdienst oder die leeren Bänke mitten in der Woche. Ein idealer Ort, an dem Sie diesen JesusLuxus selbst ausprobieren können.

Das Sakrament der Klage

Als Jesus näher kam, sah er die Stadt Jerusalem, weinte über sie und sprach: »Wenn doch auch du heute erkannt hättest, was dir Frieden bringt! Aber nun ist's vor deinen Augen verborgen. Darum wird über dich eine Zeit kommen, da werden deine Feinde einen Wall um dich aufwerfen, dich belagern und von allen Seiten einschließen. Sie werden dich und deine Bewohner völlig vernichten und keinen Stein auf dem anderen lassen. Denn du hast den Tag nicht erkannt, an dem Gott dir zu Hilfe kommen wollte.«

Lukas 19,41–44

Ich war 23 Jahre alt, als ich Jerusalem zum ersten Mal sah. Es war am Abend, und da lagen die gelben

Mauern der Altstadt und die Umrandung des Tempelbergs und alle steinernen Dächer im goldenen Sonnenlicht und alles eingebettet in sanfte Täler, von sandgelben Hügeln geschützt, nur ab und zu dazwischen die lebendigen Tupfer von dunkelgrünen Öl-

bäumen. Dieser Anblick war zum Weinen schön. Ich weiß noch, dass mir damals genau diese Bibelstelle in den Kopf kam: Jesus weint über Jerusalem.

Es gibt ein Sakrament der Klage, und es ist immer verbunden mit etwas Wunderschönem. Es ist dieser Augenblick, zu dem ich sage: Verweile doch. Geh nicht weg, du bist so schön. Und zugleich sehe ich schon jetzt, mitten in diesem wunderschönen Jetzt, dass es nicht ewig bleiben wird.

Das Sakrament der Klage ist wie alle Sakramente ein Akt der Verschmelzung. Ich werde eins mit dem, was ich sehe, höre, fühle, spüre. Die Gegensätze vereinen sich, das Vergängliche und das Unvergängliche. Mitten im Glück spüre ich das darin enthaltene

Ende. Mitten im Unglück fühle ich meine Erinnerung an die Schönheit, und dadurch, in meiner Erinnerung, bekommt sie etwas Unvergängliches. Das Jetzt und die Zukunft vereinen sich. Die Zeit, die sonst unerbittlich vergeht wie eine Linie, sieht Jesus in diesem Augenblick der Schönheit Jerusalems wie auf einer Fläche. Er sieht die Zinnen des Tempels strahlen, und er sieht gleichzeitig den Rauch der Verwüstung und sicher auch die Wiederauferstehung dieser Stadt und was ihr alles noch widerfahren wird bis heute.

Beim Sakrament der Klage verschmelze ich mit dem Seufzen der Kreatur, mit dem Todesschrei Jesu, mit der Klage Gottes über seine Schöpfung. So wie Jesus angesichts der Schönheit Jerusalems über Jerusalem weint, so könnte auch Gott weinen angesichts der Schönheit seiner Schöpfung. Nein, er weint nicht über Umweltzerstörung und Ausbeutung, das halte ich für eine menschliche Projektion. Er könnte weinen, denke ich mir, über die Nicht-Ewigkeit, die zu aller Schönheit dazugehört, ob nun Menschen Schuld haben an diesem Ende oder nicht.

Der Sinn der Klage als Sakrament ist es, vorzudringen bis zum tiefsten eigenen Grund und dort offen zu werden für die neue Kraft, die Gott uns schenkt. Nicht irgendwann so ein bisschen, wie eine Schmerztablette zwischendurch, sondern erst im tiefsten Grund. Dann aber die ganze Kraft erhalten, die ganze Heilung. Dort unten – wie Jesus – die Liebe zur Welt und ihrer zerbrechlichen Schönheit entdecken.

JesusLuxus-Anregung: Den Blues finden

Kein Volk hat diesen Ton ausdrucksstärker empfunden als die Afrikaner, die zu Hunderttausenden als Sklaven nach Amerika verkauft wurden. Sie haben diesem Ton den Namen einer Farbe gegeben: Blues. Menschen aus der ganzen Welt haben in den Tönen des Blues ihre eigenen Töne wiedergefunden, dieses lang anhaltende Seufzen, dieser Schmerz, der so viel Energie enthält, die ganze Schönheit und Kraft des Lebens.
Die Struktur eines Blues-Songs findet sich in vielen Musikformen der Klage, von den Psalmen im Alten Testament über die geistlichen Chorgesänge in den Messen von Bach oder Mozart bis hin zu moderner Musik jeder Art, in Jazz und Blues, Hiphop oder Schlager. Es wird einfach gesagt oder gesungen, was ist. Der stummen Klage werden Worte gegeben. Dann wird diese Klage wiederholt, wortwörtlich oder leicht abgewandelt, ein Mal oder hundert Mal. Sie wird dabei variiert in Melodie, Lautstärke oder Tempo, oder sie wird unverändert wiederholt in einer endlos wirkenden Schleife.
Die Zeit, den Ort und die Mittel für diese Klage zu finden, ist Luxus. Viele Menschen gönnen sich diesen Luxus nicht. Sie drücken den Jammer weg, schlucken den Ärger herunter, verdrän-

Das Sakrament der Klage ist nicht so ein bisschen Jammern und unzufrieden sein. Solches Jammern macht kraftlos und hält einen in der Opferrolle. Das wahre Sakrament der Klage ist ein tiefes, lang anhaltendes Seufzen. Ein Schmerz, der einen zerreißt und der doch gleichzeitig unendlich viel Energie enthält, gen die Traurigkeit mit Aktivität oder ertränken ihn in Alkohol. Mein Rat an Sie: Halten Sie Musik bereit, die Ihrem Inneren Ausdruck verleiht, wenn Sie traurig sind oder hoffnungslos, ängstlich, besorgt oder voller Wut. Finden Sie Ihren Blues. Das kann eine CD sein, eine Playliste auf Ihrem MP3-Player oder der Besuch eines Konzerts.

Der Blues ist dabei nicht das Evangelium. Er hat keine eigene Kraft. Er ist nur ein Weg, um Ihre Seele herauszuführen aus der Finsternis. Der Blues ist nicht das Licht. Der Blues kann Sie aber lehren, nicht im Schmerz zu versinken, sondern ihm mit offenen Augen entgegenzutreten: stehen zu bleiben und aufrecht zu klagen.

die ganze Kraft des Lebens. Das Sakrament der Klage kann Tränen enthalten oder auch nicht. Fast immer aber enthält es einen Ton. Dieser Ton entsteht in meinem Innern, aber er ist nur außerhalb davon hörbar.

Ihr persönliches Sakrament

Dieses Sakrament steht vielleicht in der Bibel, vielleicht auch nicht. Es ist Ihr persönliches Sakrament. Es ist verbunden mit einer Sache oder einer Handlung, bei der für Sie etwas gegenwärtig wird vom Geschmack der Ewigkeit, der zeitlosen Ruhe und Schönheit, etwas vom unendlichen Reichtum, mitten in einem ganz endlichen, vielleicht alltäglichen Geschehen.

Meist haben Sie sich diese Sache oder Aktion nicht bewusst gesucht, sondern sie ist zu Ihnen gekommen oder wurde Ihnen von einem anderen Menschen gestiftet. Der brasilianische katholische Theologe Leonardo Boff hat ein wundervolles Büchlein geschrieben, die *Kleine Sakramentenlehre*, und darin beschreibt er einen alten Wasserbecher aus glänzendem Aluminium, aus dem sein Vater und die ganze Familie immer ihr Wasser getrunken haben. »Jedes Mal, wenn man den Becher zum Mund führt, trinkt man etwas anderes als Wasser«, schreibt er. Was man aufnimmt, ist Frische, liebevolle Behaglichkeit, die Geschichte der Familie.

»Weshalb ist das Wasser in unserem Becher immer gut und köstlich, selbst wenn es gechlort wurde, weil das Wasser aus unserem Fluss so verschmutzt ist?«, fragt Leonardo Boff und gibt gleich selbst die Antwort: »Weil der Becher ein Sakrament ist. Nicht das Wasser, das wir zu uns nehmen, ist das Sakrament, sondern der Becher, der unverändert bleibt, von dem wir nichts abnutzen. Das ist das Wunder des Sakraments.«

Ich weiß, dass etliche Menschen das Sakrament der Kaffeetasse haben. Für manche ist es die zweite Tasse. Die, die sie trinken, wenn die Kinder in die Schule gegangen sind und der Mann in die Arbeit. In dieser Tasse sind die Ruhe und der Reichtum der Stille, bevor auch für sie der Tagesablauf beginnt.

Ein Sakrament ist dabei mehr als nur eine liebe Gewohnheit. Es ist ein Ritual, ein Geländer im manchmal verwirrenden Ablauf eines Tages. Aber dann kommt noch etwas hinzu, und dadurch wird aus dem wiederkehrenden Ritual ein Sakrament: ein Durchstieg in eine andere Dimension, für einen herrlichen kleinen Moment; ein Aufleuchten von etwas ganz Fernem, aber das aufleuchtende Licht ist hell und nah; das Verschmelzen vom Jetzt und der Ewigkeit.

Was auch immer es ist – das Aufziehen der Taschenuhr des Großvaters, das Joggen durch den Tau am Morgen, eine Passage aus der Matthäuspassion von Johann Sebastian Bach –, Ihr persönliches Sakrament hat immer etwas zu tun mit Innehalten. Mitten im normalen Ablauf des Tages tut sich eine winzige Lücke auf, und in diese Lücke passt die ganze Unendlichkeit. Der französische Mystiker Jean-Pierre de Caussade hat es das »Sakrament des gegenwärtigen Augenblicks« genannt. Im offenen Augenblick wohnt die Gnade.

So wie in einem Musikstück die Ewigkeit in den Pausen wohnt, so wohnt der Geist Gottes in den Augenblicken des Einatmens, bei denen wir einen Moment lang nicht reden, nicht essen, nicht singen oder nicht in die Flöte blasen können. Ich habe mich bei professionellen Aufnahmen von Flötenmusik manchmal gewundert: Warum hört man da die Künstler atmen? Ist das nicht unperfekt? Aber allmählich habe ich diese winzigen Atempausen lieben gelernt. An ihnen kann man hören, dass es ein Mensch ist, der die Töne hervorbringt. Ja, am Luftholen kann man einen bestimmten Flötenspieler manchmal besser erkennen als an seinen Tönen.

JesusLuxus-Anregung: Ein Souvenir der Ewigkeit suchen

Wurde Ihr persönliches Sakrament schon genannt? Oder ist Ihnen Ihr ureigenes dabei in den Sinn gekommen? Dann holen Sie jetzt einen Gegenstand, der Sie daran erinnert und

der so klein ist, dass Sie ihn auf Ihrem Arbeitstisch oder Ihrem Lieblingsplatz aufstellen können: eine leere Kaffeetasse, Großmutters Rosenkranz, die CD-Hülle Ihres Lieblingsmusikstücks oder einfach ein Foto dieser Sache oder Situation. Notfalls hilft Ihnen die »Google-Bildersuche«, eine Abbildung zu finden, die Sie sich dann ausdrucken können.

Platzieren Sie den Gegenstand vor sich, und stellen Sie sich vor, es wäre ein winziger Durchschlupf in die Ewigkeit, in eine andere Dimension – so wie jedes andere sichtbare Zeichen eines Sakraments auch (Brot, Wein, Wasser, Salböl).

Das Sakrament, das Sie selbst sind

Sakrament ist Verschmelzung. Im Sakrament werden Sie verbunden mit Gott dem Schöpfer, verbunden mit dem gestorbenen und auferstandenen Gott, mit dem gegenwärtigen, brausenden Gott. Während dieser Verschmelzung werden Sie auch selbst Sakrament. Wie Leonardo Boffs Wasserbecher verändern Sie sich nicht äußerlich, aber was in Ihnen ist, verwandelt sich. Aus Mutlosigkeit wird Größe, aus Erschöpfung wird herrlicher Hunger nach neuer Kraft, in Ihnen erwacht die Sehnsucht nach riesiger Verschwendung, Verschmelzung, Verwandlung. Aus den vielen sich widersprechenden Stimmen entspringt die klare Stille der Einsamkeit. Weshalb schmeckt das Leben in Ihnen so köstlich und frisch? Weil *Sie selbst* ein Sakrament sind. Ein Zeichen, durchscheinend für Gott.

JesusLuxus-Anregung: Sprechen Sie das Vaterunser als Sakrament

Es sind vor allem drei Eigenschaften, die Sie als Sakrament Gottes und Wunder seiner Gegenwart besonders auszeichnen. Diese Eigenschaften stehen als Dreiklang am Ende des Gebets, das Jesus uns gelehrt hat, also im Schlusssatz des Vaterunsers: »Denn dein ist das Reich und die Kraft und die Herrlichkeit in Ewigkeit.« Entscheidend sind dabei die letzten drei Substantive: Kraft, Herrlichkeit und Ewigkeit.

Lesen Sie die folgenden drei kurzen Abschnitte mehrfach durch. Stellen Sie sich dabei bestimmte Bilder, Gerüche oder Klänge vor, die zu den letzten drei Substantiven des Vaterunsers passen. Dann werden Sie in Zukunft jedes Mal, wenn Sie das Vaterunser beten, diese Bilder, Gerüche oder Klänge und die dazugehörigen göttlichen Eigenschaften in Ihnen spüren können:

In Ihnen, dem Sakrament Gottes, ist ein Teil seiner *Kraft*. Von ihm haben Sie Energie und Mut zum Weitermachen. In Ihnen, dem Sakrament Gottes, ist ein Teil seiner *Herrlichkeit*. Durch diese Herrlichkeit beginnen Sie manchmal im Inneren zu leuchten. Diese Herrlichkeit gibt Ihnen Wärme und Liebe zum Weitergeben.

In Ihnen, dem Sakrament Gottes, ist sogar ein Teil seiner *Ewigkeit*. Von ihm haben Sie die Sehnsucht und die Fähigkeit, still zu sein, mit dem zeitlosen Gott zu verschmelzen und bei ihm anzukommen.

Das Vaterunser wird für Sie dadurch selbst zum Sakrament. Es ist ein Becher aus Worten, der Sie, den Inhalt, verwandelt, während Sie diese Sätze sprechen.

Der Luxus des Gebets: Jesus und seine Beziehung zu Gott

Mit Gott sprechen: Ist das nicht der ultimative Luxus? Mose hat, so berichten seine Zeitgenossen staunend, mit Gott geredet wie mit einem Freund (2. Mose/Exodus 33, 11). Im letzten Kapitel hatten wir die Szene, in der Jesus nach der offenbar anstrengenden Austreibung böser Geister in die Einsamkeit ging. In einer anderen Episode wird berichtet, was Jesus nach der Speisung der fünftausend Menschen tat:

Danach drängte er seine Jünger, in das Boot zu steigen und vor ihm über den See zu fahren, bis er das Volk weggehen ließe. Und als er das Volk hatte gehen lassen, stieg er allein auf einen Berg, um dort zu beten.

Matthäus 14,22–23

Das Erstaunliche passiert danach. Während die Jünger in der Nacht über den stürmischen See fahren, erscheint ihnen Jesus, den sie doch weit weg an Land wähnten, mitten auf dem See. Er geht auf dem Wasser. Die Jünger erschrecken und halten ihn zunächst für ein Gespenst. Danach kommt dann die berühmte Geschichte mit dem sinkenden Petrus.

Ich glaube nicht, dass das Zufall ist. Zuerst wird ausdrücklich erwähnt, dass Jesus sich zum Gebet zurückzog, und direkt danach begegnet er seinen Jüngern auf sehr außergewöhnliche Art. Diese Geschichte vermittelt die Einsicht: Einem der betet, ist alles zuzutrauen.

Wunder durch Versenkung

Von Fakiren und Yogis erzählt man sich, wie sie nach intensiver Meditation und Versenkung zu schweben beginnen oder sich an andere Orte versetzen können. In der christlichen Tradition finden sich Berichte über Priester, die während der Eucharistie – nach katholischem Glauben die unüberbietbar heiligste Handlung – am Altar vom Boden abgehoben haben. Vom später heiliggesprochenen Filippo Neri wird das erzählt, ebenso vom italienischen Ordensgründer Don Bosco. Die in Thailand lebende Ordensschwester Chan Rueylae wurde dort als »schwebende Nonne« berühmt. Sie behauptet, eine buddhistische Nonne habe ihr neben alten Heilmethoden auch gezeigt, wie man in Meditation auf dem Wasser schweben könne.

Lassen wir es dahingestellt sein, ob sich solche Wunder beweisen lassen oder nicht. Sie zeigen jedenfalls, genau wie der Bericht über den Seewandel Jesu im Neuen Testament, dass Meditierenden oder intensiv betenden Menschen allerlei möglich ist. Viele Meditierende beschreiben, dass sie sich dabei schwerelos oder schwebend gefühlt haben und an andere Orte reisen konnten. Solche Berichte könnten sozusagen Außenansichten einer inneren Erfahrung sein. Was der Betende subjektiv erlebt, wird für die sichtbar, die mit ihm geistig stark verbunden sind.

Viel wichtiger als die Frage nach der Echtheit solcher Geschichten ist, dass sich seriöse Heilige oder Wundertäter niemals mit ihren außergewöhnlichen Erfahrungen gebrüstet haben. Auch Jesus hat auf derartige »Schauwunder« im Laufe seines Lebens nie verwiesen. Denn sie sind genau genommen »zu nichts gut« – sie sind purer Luxus. Eine Zugabe, die Gott seinen Freundinnen und Freunden gibt.

Wie man beten sollte

Eine Begebenheit aus der frühen Zeit Israels ist eine Schlüsselerzählung im Zusammenhang mit dem Phänomen des Betens. Es ist ein Bericht aus dem Buch Josua, der die Erzählungen vom langen Marsch des Volkes Israel durch die Wüste abschließt. 40 Jahre, eine ganze Generation lang, hatte das Volk geträumt vom Gelobten Land, und nun ist es endlich da. Aber

Josua, der Anführer, findet mit seinem Volk das verheißene Land verschlossen vor. Der einzige Zugang ist versperrt von der Festung Jericho. Dann heißt es:

Und es begab sich, als Josua in der Nähe von Jericho war, dass er seine Augen aufhob und einen Mann vor sich stehen sah, der hielt ein gezogenes Schwert in der Hand. Josua ging auf ihn zu und fragte: »Gehörst du zu uns oder zu unseren Feinden?« »Zu keinem von beiden«, antwortete der Fremde. »Ich bin der Fürst über das Heer des Herrn. Und jetzt bin ich hier.« Da warf sich Josua auf sein Angesicht vor ihm nieder, betete an und sprach zu ihm: »Was sagt mein Herr zu seinem Knecht?« Und der Fürst über das Heer des Herrn sprach zu Josua: »Zieh deine Schuhe aus, denn die Stätte, auf der du stehst, ist heilig.« Und Josua tat, was er ihm befohlen hatte.

Josua 5,13–15

Unmittelbar nach dieser Begegnung beginnt die berühmte Erzählung von der Eroberung Jerichos. Sieben Tage lang ziehen alle wehrfähigen Männer Israels mitsamt der heiligen Bundeslade um die befestigte Stadt. Die Priester blasen ihre Hörner. Am siebten Tag stimmen zusätzlich alle Männer ein lautes Kriegsgeschrei an, und die Mauern stürzen ein.

Die Begegnung Josuas mit dem Engel hat es nicht zu solcher Popularität gebracht wie die auf wunderbare Weise einstürzenden Mauern Jerichos, einer der ältesten bekannten Städte der Erde. Dabei ist diese Vorgeschichte für die nachfolgende Zerstörung Jerichos ausgesprochen wichtig. Mit ihr wird deutlich gemacht, dass der Kampf um das Land Kanaan nicht von Menschen entschieden wird. Der irdische Heerführer sieht sich einem himmlischen Heerführer gegenüber – eine Gestalt, von der vorher niemals die Rede war. Ein völlig unvorhergesehenes Ereignis.

Diese Begegnung des Josua mit dem himmlischen Heeresfürsten ist eine der eindrucksvollsten Geschichten der Bibel zum Thema Gebet. Denn das eigentliche Geschehen ist: Josua betet. Schritt für Schritt lässt sich anhand dieser drei Bibelverse das Beten lernen.

Das Stehen

Josua hob seine Augen auf, übersetzt Martin Luther. Er sieht nach vorne, vielleicht nach oben, jedenfalls nicht mehr auf den Boden. Er findet für einen Augenblick heraus aus seiner Anspannung und seiner Ge-

JesusLuxus-Anregung: Beten Sie stehend und sehend

Es gibt viele Körperhaltungen für das Gebet, aber für den Beginn empfiehlt sich das aufrechte Stehen mit offenen Augen. Ein starker, mutiger Stand, verwurzelt bis in die Tiefen der Erde, und ein mutiger Blick nach vorne und nach oben. Eine Körpersprache, die sagt: »Hier bin ich. Dein Geschöpf. Mit all meiner Kraft, allen Fähigkeiten, die ich dir verdanke. Ich bin bereit.«

Diese Haltung lässt sich am besten unter freiem Himmel einnehmen, wo der Blick nach oben nirgends hängen bleibt, wo die Höhe der Wolken über einem ist oder das weite Blau des Himmels oder die unendliche Schwärze der Nacht. Probieren Sie es aus, wenn Sie ganz sicher sein können, dass Ihnen niemand zusieht.

Ein anderer guter Platz ist eine alte, hohe Kirche. Die mittelalterlichen Kathedralen sind bewusst so gebaut, dass sie den Blick nach oben lenken und viel Raum nach oben lassen für eine offene Sicht.

beugtheit: von den Strapazen des Marsches durch die Wüste, von der Durchquerung des Jordans, von den Vorbereitungen für die Eroberung und Besiedlung des versprochenen Landes, von der großen Last der Verantwortung. Josua, Anführer eines sehnsüchtigen, hungrigen Volkes, richtet sich auf, steht und sieht.

So steht Josua. Er betet noch nicht bewusst. Er bereitet sich vor. Und dann geschieht es:

Die Begegnung

»Da sah er einen Mann vor sich stehen«, heißt es, »der hielt ein gezogenes Schwert in der Hand.« Eine unerwartete Begegnung. Keine Begegnung mit Gott, sondern – vielleicht – mit einem seiner Boten, einem Engel. Beide stehen auf einer Ebene. Sie sehen sich in die Augen. Eine Szene, die viel Spannung und Kraft enthält. Die Kraft des Betens.

Das Fragen

Josua ging auf den Mann mit dem gezückten Schwert zu und fragte: »Gehörst du zu uns oder zu unseren Feinden?« Das klingt erfrischend selbstverständlich, ist es aber eigentlich nicht. Die normale Reaktion wäre wohl eher Angst gewesen, oder Flucht. Aber Josua steht stark und mutig und mit erhobenem Haupt vor der Erscheinung. Ein wenig ist sein Erschrecken abzulesen an der klugen Frage: »Freund oder Feind?« Das bedeutet: »In welcher Beziehung stehst du zu mir?«

Wie diese Frage, so ist auch jedes Gebet vor allem eine Kontaktaufnahme, eine Kommunikation von Gegensätzen: zwischen Mensch und Gott; zwischen dem, was Sie wollen, und dem, was Gott will; zwischen Ihren Nöten und dem verschwenderischen Überfluss Gottes; zwischen Ihren Grenzen und seiner universalen Herrlichkeit.

Josuas Grenze ist Jericho, die ummauerte Stadt, die sich wie eine Barriere zwischen die Wüste und das Land Kanaan schiebt. Die Wüste, in der das Volk die furchtbaren letzten 40 Jahre verbracht hat, und das saftige Land voller Verheißungen, das ihnen 40 Jahre lang versprochen wurde. Alle wirklich wichtigen Gebete sind solche Grenzerfahrungen, hilflose Rufe in ausweglosen Situationen, als lauter Schrei oder stummer Schmerz.

Josua redet nicht viel. Er fragt: »Freund oder Feind?« Und er erhält eine einfache Antwort: »Keines von beidem.« Die kleine Frage: »Bist du auf unserer Seite?«, wird nicht klein beantwortet, sondern groß: »Ich bin der Fürst über das Heer des Herrn. Und jetzt bin ich hier.«

JesusLuxus-Anregung: Erwarten Sie beim Beten ungewöhnliche Antworten

Viele Menschen, die beten oder sich in anderer Form an Gott wenden, erwarten eine Antwort von *Gott*, eine unmissverständliche Botschaft, mit Adressangabe sozusagen. Stattdessen antwortet Gott in der Bibel immer wieder mit Überraschungen: Abraham begegnet drei Männern, die in

sein Haus kommen. Mose begegnet einem Dornbusch, der brennt, aber nicht verbrennt. Jesus begegnet auf dem Berg der Verklärung zwei Prominenten der jüdischen Geschichte, Mose und Elia, umgeben von strahlend weißem Licht. Und Josua begegnet einem bewaffneten Mann.

Bleiben Sie während des Betens und vor allem danach offen für alles, was Sie sehen, hören oder spüren. Die Ant-

wort auf Ihr Gebet kann in Ihrem Inneren stattfinden, als Traum, Bild, Melodie, Vision. Oder sie geschieht ganz real: Ein Mensch taucht auf, der Ihnen einen Satz sagt, der Ihr Herz befreit. Das kann in einer ganz alltäglichen Situation geschehen, so wie auch die Begegnung Josuas ohne Vorbereitung passierte. Oder Sie öffnen ein Buch und lesen – scheinbar zufällig – einen Satz, der Sie erschüttert. Sie sehen einen Film, hören ein Musikstück, finden einen Gegenstand... es gibt viele originelle Möglichkeiten, eine Antwort zu erhalten.
Denken Sie dabei nicht zu sehr an das Wundersame dabei. Schreiben Sie es Ihrer verfeinerten Wahrnehmung zu. Vermutlich erhalten Sie jeden Tag zahlreiche solcher Botschaften, nehmen sie aber normalerweise nicht wahr.

Die Ekstase

Im Gebet werden Sie über Ihre Grenzen hinausgeführt. Sie sehen die unüberwindbare Mauer aus einer neuen Perspektive. Sie entdecken die Dimension Gottes. Das »Heer des Herrn« – das muss Josua über-

JesusLuxus-Anregung: Schämen Sie sich nicht für Ihre Not

Es gibt kein richtiges oder falsches Beten, nur ehrliches und unehrliches. Sprechen Sie Ihre Not vor Gott aus, oder legen Sie sie ihm wortlos vor. Es ist hilfreich, dazu an einen Ort zu gehen, an dem Sie keiner sieht, beispielsweise in einer Kir-

che außerhalb der Gottesdienstzeiten. Stellen Sie sich vor, dass Sie Ihre Verzweiflung und Sorgen an einen ganz konkreten Ort legen: vor ein religiöses Bild, vor eine Kerze, an den Fuß eines Baums, in die Mitte eines Sees. Wiederholen Sie diesen Vorgang so lange, bis Sie sich leichter fühlen und sicher sein können, dass wenigstens ein Teil Ihrer Last nicht mehr bei Ihnen ist.

haupt nicht genauer erklärt werden – ist die Sichtweise Gottes. Hier kämpfen nicht menschliche Heere, sondern es enthüllt sich eine Kraft, die alle militärische Stärke übersteigt.

Das Gebet bietet die Möglichkeit, diese Wirklichkeit Gottes nicht nur zu sehen, sondern sich auf ihre Seite zu stellen, sich mit ihr zu verbünden.

Das Gebet führt vom Anschauen zum Begegnen, vom Begegnen zum Fragen, und es führt über die Frage hinaus – so wie der Fürst über das Heer des Himmels auf die Frage Josuas gar nicht direkt eingeht. Ich habe einen Text gefunden, der diese Verwandlung in der Anschauung wunderbar eingefangen hat. Er stammt von dem Berliner Dichter Jesse Thoor, der 1952 im Londoner Exil gestorben ist:

Und es kommen die Vögel von den Bergen und aus jeder Richtung.
Und es kommen die Fische mit den hellen Kreuzen auf ihren Rücken.
Und die Sterne mit den verzweigten Augen und mit den weisen Händen.
Und die Monde mit den silbernen Geräten und mit den höchsten Reden.
Und du bleibst immer bei mir, und du verlässt mich nicht.
Und du wendest mühelos meinen Leib, und du begleitest mich.
Und du läuterst meine Wünsche, und du änderst meine Gedanken.
Und richtest mich wieder auf.
Und du beendest meine Not.
Und ich erwäge den Lauf des Regens und den Rat der Sonne.

Und ich rufe deinen Namen laut und vor allen Leuten.
Und ich esse dein Brot, und ich trinke deinen Wein.
Und es kommen deine Wochentage zu mir mit großer Verheißung.
Und es kommen deine vier Boten mitsamt den sieben heiligen Zeichen.
Und dein Wille geschieht zur Zeit.
Und geschieht in Ewigkeit.

JesusLuxus-Anregung: Verändern Sie Ihre Körperhaltung während des Betens

Beim Beten begegnen Sie einer alles übersteigenden Kraft. Sie betreten den Bereich Gottes, der durch Schönheit und Stille führt, durch Macht und Herrlichkeit, durch Zeitlosigkeit und Ewigkeit, von der Enge zum weiten Blick, vom weiten Blick zum Staunen, vom Staunen zur Ekstase, von der Ekstase zum Verstehen. »Du läuterst meine Wünsche, du änderst meine Gedanken« heißt es bei Jesse Thoor.
»Ek-Stase« heißt »Heraustreten«. Wenn Sie vom Stehen zum Sitzen wechseln oder vom Sitzen zum Knien, dann nehmen Sie diese Bewegung als Teil Ihres Gebets. Sie schaffen einen Übergang, Sie wechseln die Perspektive.

Das Dasein

Da warf sich Josua auf sein Angesicht vor ihm nieder, betete an und sprach zu ihm: »Was sagt mein Herr zu seinem Knecht?«

Diese Körperhaltung ist typisch für den Akt des Betens. So stellt man sich Betende vor, dafür sind in den Kirchen Kniebänke eingerichtet. Aber es wäre eine Einengung zu glauben, dass Gebet vor allem Unterwerfung ist. Wer knien kann, zeigt seine Ehrfurcht und sein Staunen vor der Größe und der Kraft Gottes. Der Auslöser für diese Ehrfurcht und dieses Staunen ist der einfache Satz des Fürsten über das Heer des Herrn: »Ich bin hier.«

Der heilige Ort

Der Fürst über das Heer des Herrn sprach zu Josua: »Zieh deine Schuhe aus, denn die Stätte, auf der du stehst, ist heilig.« Das ist der eigentliche Höhepunkt der Geschichte: Es gibt etwas bei einem Gebet, das bleibt, und das ist der geheiligte Ort. Wo gebetet wurde, verwandelt sich der Raum.

Ich weiß von einer Ordensschwester aus Peru, die viel unterwegs ist. In Hotelzimmern oder anderen Unterkünften errichtet sie ihr »liturgisches Planquadrat«. Sie teilt dafür eine Zimmerecke ab, indem sie vier je einen Meter lange bunt gewebte Bänder ihrer Indiofrauen auf den Boden legt. Dort hinein stellt sie eine Kerze, ein Kreuz, eine Postkarte ihrer Lieblingsikone oder was immer sie auf der Reise an aufbau-

JesusLuxus-Anregung: Verstummen Sie völlig

Sagen Sie leise diesen Satz: »Ich bin hier.« So oft, bis Sie ihn gar nicht mehr sagen oder denken müssen, sondern nur noch da sind. Alle Stimmen verstummen, auch alle Ihre inneren. Spüren Sie, wie Gott mit genau diesem Satz ant-

wortet, ebenso wortlos: »Ich bin hier.« Nun können Sie als Mensch nichts als bekennen: »Ja, du. Ich höre, was du sagst. Sende mir jetzt deinen Geist.«

enden Symbolen entdeckt und mitnimmt. Das verwandelt den Raum von einem stereotypen Zimmer in einen Ort, an dem Christus wohnt. Das bedeutet nicht, dass Christus ohne das Kreuz nicht dort wohnen würde. Der Geist des Gekreuzigten ist nicht gebunden an Orte, an denen ein Kreuz steht. Und die Klarheit seines Heiligen Geistes ist nicht gebunden an Orte, an denen eine Kerze brennt. Der abgetrennte heilige Ort erleichtert *uns* jedoch den Zugang zu ihm. An diesem heiligen Ort ist es einfacher, zu beten.

Ich bin überzeugt, dass das schwindende Bewusstsein der kirchlichen Verantwortlichen für heilige Räume ein wichtiger Grund ist für den Rückgang der Gottesdienstbesucherzahlen. Seit Mitte des letzten Jahrhunderts stellte man das Zusammenkommen in den Vordergrund, und der Kirchenraum wurde ganz darauf abgestimmt. Eine Kirche oder eine Kapelle aber sollte ein Ort sein, den man auch allein aufsuchen möchte, völlig unabhängig von der Qualität der dort stattfindenden Gottesdienste, Predigten oder Lieder. Ein Ort der Kraft, der Stille und der Sammlung.

Ein Raum wird nicht dadurch heilig, dass man ihn dazu erklärt. Auch Riten oder Segenshandlungen allein machen ihn nicht dazu. Das Wesentliche ist, dass Menschen in diesem Raum beten, wieder und immer wieder. Dass sie ihn aufladen mit geistlicher Energie.

Unsere technische Kultur ist skeptisch gegenüber

JesusLuxus-Anregung: Erleben Sie den heiligen Raum

Gehen Sie nach einem Gottesdienst, einer Taufe oder einer Hochzeit durch die leere Kirche, und spüren Sie die mehr oder weniger stark wahrnehmbare Gegenwart des Geistes, der entstanden ist durch die Versammlung der betenden Gemeinde und durch den Segen der Anwesenheit Gottes.

Oder noch besser: Leisten Sie sich den zeitlichen Luxus, und kommen Sie zu einem Gottesdienst sehr früh in die noch stille Kirche. Während vom Organisten oder Mesner allerlei Vorbereitungen getroffen werden, sehen Sie Ihre Anwesenheit auch als Vorbereitung: als »Betanken« oder »Aufladen« des heiligen Raums. Der Rabbiner Abraham Heschel sagt, dass über die geistliche Kraft eines Gebets und eines Gottesdienstes in der Stunde davor entschieden wird. Meiden Sie vor einem Gottesdienst Geschwätz und Geplauder. Suchen Sie innere Reinheit und geistige Klarheit.

Dabei hilft Ihnen der heilige Raum, und umgekehrt hilft Ihr reiner und klarer Geist, aus dem normalen Kirchenraum einen heiligen Raum zu machen.

solchen unexakten nebulösen Vorstellungen von »geistlicher Energie«. Andere sind fasziniert davon, und sie nehmen Anleihen bei der traditionellen chinesischen Lehre des Feng-Shui. Dieses Wissen um die harmonische Gestaltung von Räumen findet sich auch in unseren alten europäischen Kirchenbauten. In allen Kulturen weiß man: Der Geist, das Chi, die Energie, die Lebenskraft, kann nicht durch bestimmte Baumaßnahmen erzeugt werden. Aber man kann den Geist nachhaltig durch falsche Baumaßnahmen verhindern.

Es gibt hoffnungsvolle Ansätze dafür, dass moderne Architekten die Weisheiten der alten Kirchenbaumeister wiederentdecken. Dass es Kirchenvorstandsmitgliedern, Pfarrern, Diakonen und anderen Mitarbeitern gelingt, unsere nüchternen, manchmal einfach nur abweisenden Kirchenräume in heilige Räume zu verwandeln. Durch Farben, Materialien, eventuell bauliche Veränderungen, durch mutige Ideen, vor allem aber durch wahrhaftiges, aufrichtiges, andauerndes Gebet.

»Zieh deine Schuhe aus«, hat der Fürst über das Heer des Herrn zu Josua gesagt. Das soll auch heißen: Lass den Dreck und den Staub der Straße draußen. Lege deine unnützen und breitgetretenen Gedanken ab. Komm etwas nackter als sonst, etwas verletzlicher und gefühlvoller. Du brauchst hier nicht mehr zu rennen und zu treten. Lass dich nieder, hier wirst du

JesusLuxus-Anregung:
Empfinden Sie Beten als Luxus

Halten Sie während des Betens immer wieder inne, und staunen Sie, dass es so etwas wie das Gebet überhaupt gibt. Dass es möglich ist, mit jener Kraft Kontakt aufzunehmen, die Sie hervorgebracht hat. Sobald Sie dieses Staunen nur ein einziges Mal empfunden haben, wird es Ihnen immer leichter fallen, über das Gebet Kontakt mit dem Göttlichen aufzunehmen.

beschenkt. Die Mauern werden fallen. Der Weg wird frei. Die Zukunft wird weit und hell. Die Stätte, auf der du stehst, ist heilig.

Das Staunen

Mit Gott sprechen ist purer Luxus. Ein Luxus, den sich nur wenige Menschen leisten. Vielleicht weil sie meinen, zum Beten müssten sie sich zwingen. Sie müssten bestimmte Fähigkeiten dafür haben oder eingelernte Worte wissen. Dabei ist es viel einfacher. Der wunderbare Weg zum einfachen Gebet führt über das Staunen.

Der Luxus, neu zu sehen: Jesus heilt einen Blinden

Man kann mit seinen erlernten Fähigkeiten und Denkmustern ein ganzes Leben lang auskommen. Aber wäre es nicht ein wunderbarer Luxus, eine ganz neue Fähigkeit dazuzugewinnen? Wohl eines der stärksten Bilder ist die Verwandlung vom Blinden zum Sehenden.

Der blinde Seher

In vielen Kulturen gibt es die Figur des »blinden Sehers«. Meist ist es ein alter Mann, der mit einer Hand vorsichtig in den Raum vor ihm tastet, die typische Geste eines Blinden. Der andere Arm deutet nach vorne, auf ein fernes Ziel. Auch die leeren Augenhöhlen des Blinden sind dorthin gerichtet, und sein Gesichtsausdruck verrät ganz deutlich, dass er etwas sieht. Es ist, als wäre man Zeuge eines ganz besonderen Ereignisses: Ein Blinder sieht.

Was wir mit den Augen sehen, drängt sich auf und schiebt sich über unsere anderen Sinne. Wer keine Augen hat, nutzt die fantastischen Fähigkeiten des Hörens, Fühlens, Riechens und Schmeckens intensiver. Er entwickelt Wahrnehmungsorgane, von denen die Sehenden gar nichts wissen. Er bekommt Zugang zu Bereichen des Lebens, die hinter dem Sichtbaren verborgen sind. Der blinde Seher, eigentlich ein Widerspruch in sich, ist einer, der auf eine besondere Art besonders gut sieht. Die früheren Kulturen waren gut beraten, auf die Erfahrungen der Blinden zu hören. Es ist sicher nicht einfach, aber vielleicht ist es auch heute noch möglich, von blinden Menschen zu lernen. Noch nie war die Welt so sehr voller Bilder, und noch nie war das, was Blinde erfahren, wichtiger.

Jesus hat viele Blinde geheilt. Die ausführlichste Schilderung findet sich im Johannesevangelium, Kapitel 9. Dieser Bericht ist geschrieben wie ein Filmdrehbuch, die längste Heilungsgeschichte der Bibel überhaupt, mit vielen Überlegungen.

»Warum ist der Blinde blind?«, fragen dort die Jünger. »Weil die Werke Gottes an ihm sichtbar werden sollen«, antwortet Jesus, und er bezeichnet sich selbst als das Licht der Welt.

Dann wird der Geheilte den Pharisäern vorgeführt. Weil ihn Jesus an einem Sabbat sehend gemacht hat, kommt es zum Streit. Die Eltern des Geheilten werden befragt, danach wird der ehemalige Blinde nochmals verhört. Er wird hinausgeworfen, dann steht er wieder vor Jesus. Im Gespräch mit Jesus wird klar, wie sich die Rollen vertauscht haben: Die Sehenden sind die wahren Blinden, weil sie vor dem Wunder ihre Augen verschließen. Das Bild vom »blinden Seher« bekommt bei den Blindenheilungen Jesu eine neue Bedeutung.

Glauben ist Sehen

Jesus spricht ungern von »Gläubigen« und »Ungläubigen«, auch nicht von »Bekehrten« und »Unbekehrten«. Er unterscheidet einfach zwischen Sehenden und Blinden. Damit macht er deutlich: Glauben erfordert keine besonderen Fähigkeiten oder übermenschlichen Anstrengungen. Alles, was dazu nötig ist, ist Offen-

JesusLuxus-Anregung: Reisen Sie mit offenen Augen ins Ausland

Es ist schwierig, etwas »mit anderen Augen« zu sehen. Am ehesten lässt sich das in einem anderen Land erleben. Dann bemerken Sie, wie viele bei uns selbstverständliche Dinge dort völlig anders gemacht werden. Wenn Sie im Ausland sind (je exotischer, umso besser), versuchen Sie, dort so viel »normales« Leben mitzubekommen wie möglich. Bleiben Sie nicht nur im Hotel, in der Innenstadt oder in der Umgebung von Sehenswürdigkeiten. Machen Sie Ausflüge in Wohngegenden, fahren Sie mit öffentlichen Verkehrsmitteln, gehen Sie in einen Supermarkt, eine Apotheke, vielleicht sogar eine Behörde. Behalten Sie Details gut im Gedächtnis.
Urteilen Sie möglichst wenig. Werfen Sie beide inneren Brillen weg: die mit dem Aufkleber »Im Ausland ist alles besser« und die mit »Hier möchte ich niemals für immer leben«. Geheimnissen Sie nicht zu viel in das hinein, was Sie sehen und erleben. Sondern staunen Sie, wie viel einfacher oder besser es in diesem Land ist. Und staunen Sie, wie viel in Ihrem eigenen Land einfacher oder besser ist als in dem Land, das Sie gerade besuchen. Wenn Sie dann nach Hause zurückkehren, werden Sie ein wenig von dem herrlichen JesusLuxus erleben, die Dinge neu zu sehen.

heit. So, wie man die Augen aufmacht und sieht, was vor einem ist, so soll unser Herz, unsere ganze Person offen sein. Wir sollen nichts machen, sondern etwas empfangen. Wir sollen nichts erzwingen, sondern etwas geschehen lassen.

Das klingt einfach, aber unser Blick ist getrübt von vielerlei Hindernissen, die uns die Sicht versperren wollen. Getönte Brillen, die die Wirklichkeit verzerren. Man nennt das »Ideologie«, und es gibt kaum etwas, das Jesus so wütend macht wie solche Denkschablonen: wenn Menschen nicht auf den Menschen sehen, sondern auf ein System, eine Idee, irgendetwas, das wichtiger ist als der Mensch, der gerade vor ihnen steht. Einfach sehen, was vor Augen ist, das wäre die Aufgabe.

Der Luxus der Fülle: Jesus gibt mehreren Tausend Menschen zu essen

Jesus hat es durchaus mit den großen Zahlen. 5000 Menschen, ein andermal 4000, so wird berichtet, versammeln sich, um ihn zu hören. Auf einem Berg, in einer abgelegenen Gegend. Jesus spricht zu den Menschen, er heilt Kranke, alle vergessen die Zeit, es wird Abend. Dadurch entsteht, so würden wir heute sagen, ein Catering-Problem: Fünf Brote und zwei Fische, das ist alles, was sich auftreiben lässt. Geld haben Jesus und die Jünger auch kaum, um die Menge zu verpflegen.

Jesus open air

Zu einer solchen Menschenmenge unter freiem Himmel zu sprechen – ohne Verstärkeranlage, ohne Mikrofon und technische Hilfsmittel –, das ist eine Vorstellung, die mich immer wieder etwas belustigt. In dem frechen britischen Film *Das Leben des Brian* ist dies köstlich dargestellt: Als sich ein paar junge Burschen während Jesu Bergpredigt unterhalten, zischt es um sie herum nur so von »Pst!«, »Sei leise, wir können nicht mehr verstehen, was Jesus sagt!«. Lassen wir es offen, ob da die Biografen Jesu ein bisschen übertrieben haben. Ich könnte mir vorstellen, dass Jesus zu 80 bis 120 Menschen in seiner Nähe spricht, die ihn akustisch verstehen, und die erzählen das Gehörte dann später denen, die sich weiter entfernt niedergelassen haben. Jedenfalls, so viele es auch sind, sie werden von lächerlichen zwei Fischen und fünf Broten alle satt.

Es sei gar kein Speisevermehrungswunder gewesen, sagen manche, sondern es war eine Art Sozialwunder: Die Menschen haben geteilt, was sie dabeihatten. Nicht die Brot- und Fischmoleküle haben sich vermehrt, sondern die Großzügigkeit der Herzen. Ganz gleichgültig, was nun stimmt, die Pointe ist dieselbe: Es ist genug für alle da. Das ist der ganz große Glaubenssatz des JesusLuxus. Es ist genug da, auch für mich.

Jesus spricht nicht vom Mangel

Das fasziniert an Jesus: Wenn andere Menschen vom Mangel sprechen, geht er nie darauf ein. Das ist typisch für ihn, ein typisches Merkmal seines JesusLuxus. Wenn ein Kranker zu ihm kommt, überspringt Jesus die Eingangsphase, in der man sich über die Krankheit unterhält. So, wie Ärzte fragen: »Seit wann haben Sie das denn? Wo genau tut es denn weh?« Oder wie sich Seelsorger und Therapeuten erzählen

lassen von den Lasten und Einschränkungen des Patienten, von seinem Leid und seinem Schmerz. Jesus, so wird manchmal berichtet, sieht den Menschen an. Dann aber wird er jedes Mal sehr konkret: »Steh auf, nimm dein Bett und geh«, sagt er einfach, oder: »Geh hin, dein Sohn lebt.« Oder: »Geht in den Tempel und zeigt euch den Priestern.«

Jesus sieht nicht die Krankheit im Kranken, sondern seine Gesundheit. Er sieht nicht die Armut im Armen, sondern seinen Reichtum. Er sieht nicht den vorhandenen Mangel, sondern die luxuriösen Möglichkeiten. Er sieht nicht, was vor Augen ist, sondern was in den Herzen der Menschen an Potenzial schlummert.

Jesus sieht das Guthaben, nicht die Schulden

Wenn Menschen in einer Krise stecken, bekommen sie einen Tunnelblick. Sie sehen nur noch auf den Mangel, auf das Problem, auf das, was fehlt, auf das, was sie nicht haben oder vielleicht bald nicht mehr haben werden. Das Denken bewegt sich im Kreis, eingeengt oder wie Martin Luther sagt, »in sich selbst gekrümmt«. Das imponiert mir, wie sich Jesus niemals darauf einlässt. Er ist von einer wunderbaren Geradlinigkeit. Er sieht nicht auf das, was fehlt, sondern auf das, was ist. Und auf das, was kommt. »Er ging mitten durch sie hindurch« heißt es manchmal, wenn die Pharisäer ihm ihre Fangfragen zu irgendwelchen Problemen gestellt hatten.

Es ist genug für alle da. Das ist kein Freibrief für die nutzlose Vergeudung von Energie, Nahrung, Wohnraum, Natur und all die anderen Rohstoffe unseres Lebens. Im Gegenteil. Das ist die wichtigste Voraussetzung für jede Form von vernünftigem Wirtschaften und kluger Sparsamkeit: Wenn etwas wirklich knapp ist, würde jeder kämpfen und raffen, damit er von dem wenigen noch möglichst viel abbekommt. Wenn wir aber wissen und uns gegenseitig ermutigen, dass genug da ist für alle, so wie bei den 5000 hungrigen Zuhörern Jesu, dann kann aus dem schrecklichen Verteilungskrieg ein Miteinander des Teilens und Genießens werden. So wie es von den ersten Christen hieß:

»Die Menge der Gläubigen war ein Herz und eine Seele, und ihre Güter waren ihnen alles gemeinsam.«
Apostelgeschichte 4,32

Was befreit aus dem In-sich-Gekrümmtsein mit dem Tunnelblick auf den Mangel? Ganz einfach – die Liebe. Das wissen die Religionen, unsere christliche eingeschlossen, schon lange. In jeder Religion gehört das Spenden und Almosengeben zu einer wichtigen Pflicht. Gebt ab! Verschwendet euer Geld und euer Gut an die, die nichts haben! Dahinter steckt eine wunderbare Hoffnung: Dass eines Tages auch die Armen wieder so viel haben, dass sie abgeben können. Dass die Grenzen zwischen Gebern und Empfängern verschwimmen.

JesusLuxus-Anregung: Richten Sie sich auf

Nehmen Sie das mit dem In-sich-Gekrümmtsein in Krisen und schwierigen Situationen ganz wörtlich. Richten Sie Ihren Körper auf. Recken Sie sich, sehen Sie nach oben. Breiten Sie die Arme aus, nehmen Sie so viel Raum ein wie möglich. Bewegen Sie sich, laufen Sie im Freien, am besten über ein großes Feld oder eine weite Wiese. Spüren Sie, dass trotz aller Krankheit und Trauer, trotz aller Sorgen und aller Verzweiflung noch Möglichkeiten in Ihnen stecken. Wenden Sie Ihren Blick und Ihre Gedanken ab vom Problem und hin zum besten vorstellbaren Zustand.

Medizinisch lässt sich nachweisen, dass Patienten schneller gesund werden, wenn sie eine konkrete Vorstellung von ihrer Heilung haben. Wenn sie sich ausmalen, wie sie wieder laufen können, wie das schmerzende Organ völlig schmerzfrei ist. Denken Sie in Krankheit an Gesundheit, in Geldnöten an Reichtum, in Arbeitslosigkeit an Arbeit, bei Liebeskummer an Liebesglück. Nicht immer und sofort. Sie dürfen natürlich auch trauern, klagen, seufzen, Schmerz empfinden. Dann aber stellen Sie sich vor, wie Jesus Ihnen gegenübertritt und gerade kein Gespräch über Ihre Krankheitsgeschichte mit Ihnen führt oder über Ihre schwere Kindheit. Sondern wie er Sie einfach ansieht und dann sagt: »Dein Glaube hat dir geholfen.«

Der Luxus, sich keine Sorgen zu machen: Die Vögel unter dem Himmel

»Als er aber das Volk sah, ging er auf einen Berg und setzte sich.« Dann beginnt Jesus eine lange Rede, eine Lehrrede. Wenn ein Rabbi so etwas tat, noch dazu außerhalb der Synagoge, dann war das immer etwas Besonderes. Man leistete sich den Luxus, von ihm etwas zu lernen. Hier auf dem Berg formuliert Jesus seinen vielleicht berühmtesten Luxus-Satz:

»Ich sage euch: Sorgt euch nicht um euer Leben, was ihr essen oder trinken werdet. Ist das Leben nicht viel mehr als die Nahrung? Schaut die Vögel unter dem Himmel an: Sie säen nicht, sie ernten nicht, sie sammeln nicht in Scheunen, und euer himmlischer Vater ernährt sie doch. Sorgt nicht für morgen, denn der morgige Tag wird für sich selber sorgen. Es reicht, dass jeder Tag seine eigene Plage hat.«

Matthäus 6,25–26 und 34

Ich sehe Jesus vor mir, in einem einfachen Gewand, barfuß, mit Bart und langen Haaren, bei Sonnenschein in der Natur, über ihm kreisen ein paar Vögel – ein idyllisches Bild. Ja, das ist der wahre Luxus: keine Sorgen haben müssen, sich von Gott beschenkt fühlen.

Jesus ist nicht Susi Sorglos

Aber so ist das oft mit den schönen Stellen der Bibel: Sie sind aus dem Gesamtzusammenhang herausgeschnitten. So idyllisch ist das alles gar nicht. Unmittelbar vor dem schönen »Sorgt euch nicht« äußert sich Jesus knallhart:

> *»Niemand kann zwei Herren dienen.*
> *Ihr könnt nicht Gott dienen und dem Mammon.«*
> Matthäus 6,24

Mammon, das war schon zu Jesu Lebzeiten eine Art Schimpfwort für Geld, so wie heute etwa: »Ihr könnt nicht Gott dienen und der Kohle.« Das Leben in der Fülle der Schöpfung Gottes ist etwas anderes als das komfortable Leben in einer Wohlstandsgesellschaft. Beides zusammen geht nicht. Ihr müsst euch entscheiden: den Luxus meiner Sorglosigkeit oder den Luxus eures Wirtschaftssystems.

Wenn ich derzeit die Menschen um mich herum ansehe, so spüre ich etwas, das sich mit einem einzigen Wort beschreiben lässt: Sorge. »Alles wird teurer«, sagen sie. Die Menschen machen sich Sorgen, sie wirken besorgt. Wirtschaftsexperten schauen mit ernster Miene in die Kameras. Nichts ist mehr wirklich sicher. Die Zukunft erscheint ungewiss.

Zukunft ist immer ungewiss. Wir sammeln selektiv und nehmen vor allem das in uns auf, was in dieses Schema Besorgtsein passt. So funktionieren wir, so funktionieren die Medien. Ob berechtigt oder nicht, Sorge ist bei den meisten Menschen die vorherrschende Empfindung. Was ist das, die Sorge? Ein altes Wort, das sich schon in der Bibel findet. Sorgen haben sich die Menschen ganz offensichtlich immer gemacht. Und immer haben sie viel darüber nachgedacht, denn Sorge ist eine mächtige Energie. Sie kann das ganze Lebensgefühl bestimmen.

Sorge um morgen

Im letzten Teil des Faust-Dramas von Goethe wollen vier graue Frauen Zutritt zum greisen Doktor Faustus erringen: Mangel, Schuld, Not und Sorge. Aber nur eine schafft es: die Sorge. Durchs Schlüsselloch schleicht sie zu ihm. Der kranke Gelehrte leidet keinen Mangel. Er ist nicht in Not. Aber seine Gedanken wandern in die Zukunft. Weg von dem, was ist. Hin zu dem, was sein könnte. Mit Vorliebe kommt die Sorge in der Nacht. Wenn man sich ausruhen möchte, dann raubt sie einem den Schlaf. Sie greift nach den Gedanken und lässt einen nicht zur Ruhe kommen. Wenn Geist und Körper abgespannt sind, die Fantasie aber noch rege ist, dann kommt die Stunde der Sorge.

Sorge ist dabei mehr als ein Gefühl. Sie passiert im Kopf, eine Art Zukunftskrankheit. Sorge sieht nicht auf das, was ist, sondern auf das, was – im schlimmsten Fall – sein könnte. Dabei sieht sie nicht klar, sondern nur verschwommen. Sie ahnt. Das ist ihr gutes Recht.

Der Gestresste, der heute noch über die Runden gekommen ist, hat so eine Ahnung, es morgen vielleicht nicht mehr zu schaffen. Der Kranke, bisher von seinen Krankheiten stets genesen, sorgt sich, nicht mehr gesund zu werden. Der greise Doktor Faustus durchschaut die Vorgehensweise der Sorge: »Du bebst vor allem, was dann doch nicht eintrifft. Und was du nie verlierst, das musst du doch beweinen.« Trotzdem ist er hilflos. Obwohl die Sorge aus dem Kopf kommt, hilft der klare Verstand gegen sie nur wenig.

»Der morgige Tag«, so hat es der Theologe und Philosoph Sören Kierkegaard beschrieben, »ist der Enterhaken, mit dem die unübersehbare Menge der Sorgen

Fuß fasst auf dem leichten Schiff des Einzelnen. Der morgige Tag ist das erste Glied in einer Kette, mit der ein Mensch mit Tausenden zusammengeschmiedet wird. Wer sich zur Sorge um den morgigen Tag verurteilt, der verurteilt sich selbst auf lebenslänglich.«

Denn Sorge ist nicht nur eine kleine Unpässlichkeit. Sorge kann Besitz ergreifen von allem, sie kann zum alles beherrschenden Lebensinhalt werden, und das weit über den Einzelnen hinaus. In der Wirtschaft hat Sorge direkte Auswirkungen: Sobald die Verbraucher sich aus Sorge vor Pleiten und Einbußen zurückhalten, tragen sie entscheidend dazu bei, ihr eigenes Wirtschaftssystem in einen Strudel von Pleiten und Einbußen zu führen.

Dabei geht es »nur« um Geld und Wirtschaftskraft. Aber ebenso, wie die Sorge das Bruttosozialprodukt beeinflusst, kann sie einen Menschen auch innerlich auszehren. Der Kreislauf von Lebenslust und Tatkraft kommt aus dem Takt. Und alles nur durch die Kraft der Gedanken, die sich um das Morgen sorgen.

Sorge, das ist der eigentliche Unterschied zwischen wahrem und nur rechnerischem Reichtum. Wer etwas besitzt, aber von der Sorge zerfressen wird, dass es ihm genommen werden könnte, der ist nicht wirklich reich. Ähnlich ist es mit dem Glück: Wer sich, während er glücklich ist, Sorgen macht um die Zeit, in der er vielleicht nicht mehr glücklich ist – der hat das Glück genau in diesem Moment schon verloren. Unglaubliche Schmerzen, unsagbares Leid kann der Mensch in der Gegenwart ertragen. Was ihn aber aufgeben lässt, ist nicht das Heute, sondern das Morgen.

Im Heute leben

Die erste Art von Sorge ist das Leiden am morgigen Tag, das Leiden an der Zukunft. Das beste Mittel dagegen ist der Blick auf das Jetzt. Jesus hat das in unübertroffen einfacher Weise formuliert:

> *»Sorgt euch nicht um morgen, denn der morgige Tag wird für das Seine sorgen. Es ist genug, dass jeder Tag seine eigene Plage hat.«*
> Matthäus 6,34

Jesus hat es mit seinen Jüngern vorgemacht. Seine Wanderungen durch Galiläa und Israel waren ein gelebtes Gleichnis. Eine Performance, würden wir heute dazu sagen, Aktionskunst: keine Schuhe, keine Reisetasche, kein Haus, so wird diese Truppe beschrieben. Zwölf Männer hat Jesus unter seinen vielen Anhängerinnen und Anhängern besonders herausgestellt als Symbol: So, wie einst aus den zwölf Söhnen Jakobs die zwölf Stämme Israels hervorgingen, so soll aus diesen zwölf ein neues Volk Gottes entste-

JesusLuxus-Anregung: Greifen Sie bei Sorgen zum Kalender

Kluge Vorsorge ist gut. Übertriebenes Besorgtsein aber macht krank. Wenn Sie sich vor bestimmten Ereignissen Sorgen machen oder Angst davor haben (zum Beispiel eine Operation, einen öffentlichen Auftritt, eine Prüfung), dann legen Sie Ihren Übersichtskalender vor sich. Betrachten Sie den Tag der jeweiligen Begebenheit, und stellen Sie sich Ihre Sorge als tiefblaue Farbe vor. Der Tag selbst ist dunkelblau, der Tag davor vielleicht auch. Die restliche Zeit vor dem Ereignis aber sieht vor Ihrem inneren Auge höchstens hellblau aus. Können Sie sehen, wie die »Sorgenkraft« der befürchteten Sache gar nicht ausreicht, um Ihrem Kalender (und damit Ihrem Leben) den totalen Blues zu verleihen? Können Sie außerdem sehen, wie hell die Tage *nach* dem Termin sind, der Sie jetzt so besorgt sein lässt?
Wenn Sie möchten, schreiben Sie das »Sorgt euch nicht«-Zitat Jesu als Überschrift in Ihren Terminplaner. Es gibt kaum einen besseren Platz dafür.

hen. Ein Volk, das über alle Volksgrenzen hinausgeht. Besonders die Zeichenhandlung, 5000 Menschen satt zu machen, erinnert an die wunderbare Speisung des Volkes Israel in der Wüste. Damals fiel das Manna vom Himmel – das man übrigens nicht aufbewahren konnte, sondern noch am gleichen Tag verbrauchen musste. Jesus lehrte seine Jünger, ein Nomadengebet zu sprechen: Unser tägliches Brot gib uns *heute.* Macht euch keine Sorgen um morgen – heute hilft euch Gott, das zählt.

Sorge um mich

Ist dieses »Sorgt euch nicht« darüber hinaus auch eine Anweisung? Ein »Sorgenverbot«? Diese Frage hat die Christen immer wieder beschäftigt, unter anderem auch Martin Luther. »Der zweiflerische Unglaube steckt sehr tief in uns«, schreibt er einmal, »weil wir immer Sorge haben, wir werden nicht ernährt. Wir wollen genau wissen, *wie* Gott uns ernähren wolle. Wenn wir das Haus voll Korn und die Kästen voll Geld haben, wollen wir Gott so an Haus und Kasten binden. Doch er will frei sein, weder an Zeit, Person, Stätte noch dieses oder jenes gebunden. Lass *ihn* dafür sorgen, *wie* er dich ernähren werde.«

Sorge, so verstehe ich das, ist Eingeschlossensein ins Ich: *Ich* möchte wissen, wie meine Zukunft aussieht. *Ich* will sie nicht anderen überlassen. Ich kann mir nicht vorstellen, dass Gott noch ganz andere

Möglichkeiten hat. Ideen, die meine Fantasie weit übersteigen.

Gelassenheit und Handeln

Das Gegenmittel gegen den egoistischen Aspekt der Sorge lautet Gelassenheit. Überlassen Sie Gott das Wie und Wo. Vertrauen Sie ihm. Lehnen Sie sich zurück. Nicht faul und bequem, sondern vertrauensvoll und ruhig.

Gegen die quälende Sorge hilft der klare Verstand nur wenig. Sehr wohl aber hilft *Handeln.* »Denk einfach daran«, rät Martin Luther, »ich will heute *arbeiten,* und dann werde ich es ja erfahren, *woher* Gott mir gibt. Heute so, und morgen wieder so – dann wirst du erleben, dass er dich auch ohne deine Sorgen ernährt.«

Die Gelassenheit des christlichen Glaubens, das kann man gar nicht oft genug betonen, ist aber mehr als eine Meditations- oder Atemübung. Der Gelehrte Anselm von Canterbury hat es so formuliert:

»Menschlein, verbirg dich ein wenig vor deinen lärmenden Gedanken. Wirf deine lästigen Sorgen weg. Setze deine mühseligen Zerstreuungen beiseite. Sei ein wenig für Gott da, ruhe dich ein wenig in ihm aus. Gehe in das Gemach deines Geistes, schließe alles aus außer Gott und dem, was dir ihn suchen hilft! Suche ihn bei verschlossener Türe.«

Suchen Sie Gott bei verschlossener Türe, aber schließen Sie sich nicht ewig dort ein. Seien Sie »ein wenig« für Gott da – danach geht es wieder an die Arbeit. Die zentrale Einsicht des christlichen Glaubens ist das Ineinander von Beten und Arbeiten, von Hingabe und Handeln. »Keiner unter euch kann sein Leben durch seine Sorge auch nur um eine Handbreit verlängern«, sagt Jesus. Ich höre das so: Sie können auf sich aufpassen, soviel Sie wollen. Sie können sich gegen die unglaublichsten Risiken versichern – einer wird Sie aber darin immer übertreffen, und das ist noch einmal ein wunderbares Zitat von Martin Luther: »Christus wacht mit größerer Sorge über dich als du selbst.«

Sorge um die Sorge selbst

Es gibt die Sorge um das Morgen, es gibt die Sorge um das Ich. Sorgen können sich verdichten zu einem undurchdringlichen Nebel, der sich auf das gesamte Leben senkt. Dann herrscht Dunkelheit, Depression, die den ganzen Menschen niederdrückt. Dann beziehen sich die Sorgen gar nicht mehr auf irgendwelche konkreten Ängste und Gefahren, sondern nur noch auf sich selbst. Wenn man sich vor lauter Sorgen sorgt. Wenn man Angst hat vor der Angst. Ein Kreis ohne Entrinnen.

Um Segen bitten

Da hilft nur eins: die Unterscheidung. »Mach einen Unterschied!«, hat man im Mittelalter bei unlösbar erscheinenden Problemen gesagt. Sieh auf die Trennung! Ich habe Angst, aber die Angst hat nicht mich. Ich sorge mich, aber die Sorge hat mich nicht. Ich kann meine Sorge nehmen – und abgeben. Und hier kommt der große Unterschied zwischen Atemübungen und christlichem Glauben: Wir können die Sorgen abgeben an einen, der Raum und Kraft hat, sie zu nehmen.

»Alle eure Sorge werft auf ihn,
denn er sorgt für euch.«

1. Petrus 5,7

JesusLuxus-Anregung: Schicken Sie Ihre Sorgen fort

Das ist einer der kraftvollsten Sätze gegen die Sorge, die in der Nacht durchs Schlüsselloch in die Gedanken schleicht. Sagen Sie dieser Sorge ruhig und deutlich: »Du kannst gehen. Christus wacht mit größerer Sorge über mich als ich selbst.«

Gegen akute Sorge hilft es außerdem, die verschiedenen Rhythmen im eigenen Körper zu spüren: Atem, Herzschlag, das Blinzeln Ihrer Augen, vielleicht auch den Takt, den Sie gerade mit dem Fuß schlagen, oder Ihre Augenbewegungen, während Sie diese Zeilen lesen. Sagen Sie sich: Mein Körper funktioniert, ganz von selbst. Auch meine Seele verlässt sich auf das Leben.

Gemeint ist Christus. Dieser Satz aus dem 1. Petrusbrief ist der große Tröster für Menschen, die unter ihren Sorgen leiden.

JesusLuxus-Anregung: Zünden Sie eine Kerze an

Es tut gut, das Abgeben von Sorgen mit einer Geste zu verbinden. Für viele ist das Entzünden einer Kerze in einer Kirche eine sehr hilfreiche symbolische Handlung – völlig unabhängig von der Konfession. Menschen, die eine Kerze angezündet haben, bleiben meist noch eine Zeit lang davor sitzen. In völliger innerer Stille, oder im Gebet. Am wirksamsten hilft dann die Bitte um Segen: »Segne mich. Und gib Segen den anderen.«

Anthony de Mello hat dazu ein modernes Gleichnis erzählt:

Ein Lebensmittelhändler kam in großer Sorge zum Meister, um mitzuteilen, dass genau gegenüber seinem Laden ein großer Supermarkt eröffnet hatte, der sein Geschäft kaputt machen würde. Seit hundert Jahren hatte der Laden seiner Familie gehört,

und wenn er das Geschäft verlöre, wäre es sein Ruin, denn etwas anderes hätte er nicht gelernt.

Sagte der Meister: »Wenn du den Besitzer des Supermarktes fürchtest, wirst du ihn hassen. Und der Hass wird dein Ruin werden.«

»Was soll ich tun?« fragte der verzweifelte Lebensmittelhändler. »Jeden Morgen geh aus deinem Laden auf den Bürgersteig, und segne dein Geschäft, dass es gut gehen möge. Dann dreh dich um, und segne den Laden gegenüber gleichermaßen.«

»Was? Meinen Konkurrenten und Verderber segnen?«

»Jeder Segen, den du ihm zuteil werden lässt, wird zu deinem Besten ausschlagen. Alles Böse, das du ihm wünschst, wird dich zerstören.«

Nach sechs Monaten kam der Lebensmittelhändler wieder. Er berichtete, dass er, genau wie befürchtet, seinen Laden hatte schließen müssen, aber nun sei er Verwalter des Supermarktes, und seine Geschäfte gingen besser als je zuvor.

Aus: Anthony de Mello, Eine Minute Weisheit, Herder spektrum Bd. 5663. Aus d. Englischen v. Ursula Schottelius, S. 648. © Verlag Herder GmbH, Freiburg i.B. 22007

Sorge um andere

Sorge ist eine gewaltige Kraft. Wie jede Energiequelle kann sie zum Verderben und zum Guten verwendet werden. Bei der Sorge kommt es auf die Richtung an.

Wohin richtet sie sich? Gegen mich selbst: »Ich sorge mich«? Oder für andere: »Ich sorge für jemanden«? Anderen können Sie am besten helfen, indem Sie Zugang finden zu der Kraft des Segnens. Dazu brauchen Sie die Gabe, sich beschenken zu lassen, also mit leeren Händen dazustehen und sie sich füllen zu lassen mit Gottes Liebe. Eine eigentlich so leichte und doch oft so schwere Haltung.

Sorge um Gott

Die Sorge für andere ist schon ein gewaltiger Fortschritt in Sachen Sorge. Doch selbst in dieser Fürsorge ist die Sorge noch nicht am Ziel Ihrer Möglichkeiten. »Die Liebe Gottes gebiert die Liebe unserer Seele«, sagt Bernhard von Clairvaux. »Gott richtet als Erster seine Aufmerksamkeit auf unsere Seele, und dadurch wird sie auf ihn aufmerksam. Er sorgt sich um sie, und dadurch fängt unsere Seele an, sich um ihn zu sorgen.«

Das ist die Urenergie der Sorge: die Sorge Gottes um uns. Unsere Sorge ist unsere Antwort darauf. Unser Echo auf eine Melodie, die wir nicht selbst erfunden haben. Solange unsere Sorge sich nur um das Morgen dreht oder um uns selbst oder um die Sorge selbst, solange ist diese Energie nicht dort angekommen, wo sie herkam. Ja, noch nicht einmal in der Fürsorge für andere ist Sorge wirklich dort angekommen, wonach sie sich sehnt. Sorge sehnt sich viel, viel weiter. Sie sehnt sich nach Gott.

**JesusLuxus-Anregung:
Leeren Sie abends Ihren Segens-Speicher**

Stellen Sie sich vor, es gäbe irgendwo in Ihrer Seele eine Art Organ, in der alle guten Erlebnisse, alle Freuden eines Tages, jedes Lachen und jedes Lächeln gesammelt werden. Am Abend wird dieses Reservoir entleert, damit am nächs-

ten Tag wieder genug Platz für Neues ist. Zum Wegkippen sind diese Vorräte eigentlich zu schade. Gewöhnen Sie sich daher an, jeden Abend vor dem Einschlafen an Menschen zu denken, die Ihre guten Gedanken brauchen können. Verschenken Sie sie großzügig. Merken Sie, wie luxuriös reich Sie sind, weil Sie so viel weggeben können?

Sie machen sich Sorgen um Gott! Merken Sie, wie unvorstellbar überflüssig das auf den ersten Blick erscheint? In welcher Dimension diese Art von Jesus-Luxus spielt? Wenn Ihre Seele dort angelangt ist und sich sorgt um Gott, dann wird sich der Strudel der

Sorge umkehren in den reichen Kreislauf des großen Segens, die unendlich großzügige Schaffenskraft Gottes, die unaufhörliche Fantasie, die aus immer Neuem immer Neues schafft, die überrascht und verblüfft, die nicht aufhören kann, zu geben und zu schenken, gratis, kostenlos, ohne Haken, ohne Vorbedingungen, ohne Vorschriften und ohne Ermüdungserscheinungen, weit über alles menschliche Maß und alles menschliche Begreifen hinaus.

Der Luxus, in Gott verliebt zu sein: Jesus und das Reich Gottes

Jesus wurde einmal nach dem höchsten Gebot gefragt. Wir würden das heute etwa so formulieren: »Was hat für Sie, Herr Jesus, oberste Priorität?« Viele Menschen haben seine Antwort ungefähr so in Erinnerung, dass wir unseren Nächsten lieben sollen. Aber das stimmt nicht. Jesus antwortete auf die Frage nach der Priorität Nummer eins mit dem jüdischen Glaubensbekenntnis:

> *Höre, Israel, der Herr, unser Gott, ist der Herr allein. Und du sollst den Herrn, deinen Gott, lieben von ganzem Herzen, von ganzer Seele, von ganzem Gemüt und mit allen deinen Kräften.*
> Matthäus 22,37; zitiert wird 5. Mose/Deuteronomium 6,5

Gott lieben, das ist für Jesus das oberste Gebot, die Priorität Nummer eins. Das ist viel verlangt. Und dann sogar noch als Aufforderung: Du *sollst* Gott lieben.

Auf der anderen Seite: Wir lieben verliebte Menschen. Jeder, der für einen anderen Menschen oder für eine Idee von Liebe erfüllt ist, fasziniert uns. Vielleicht sagen wir, dass er ein bisschen verrückt vor lauter Liebe ist, aber im tiefsten Inneren sehnen sich die meisten von uns nach genau solcher Begeisterung. Das wäre das wirklich luxuriöse Leben: äußerlich sorgenfrei und innerlich glühend vor Begeisterung. Wir wissen, dass das selten zusammenfällt. Wir sehen den reichen Dandy vor uns, umgeben von mondänem Luxus, aber innerlich leer.

Wie kommt man zu solchem maximalen JesusLuxus – einem Herzen, das entflammt ist für die Liebe zu Gott? Kann man sich das befehlen, so wie im Gebot »Du sollst den Herrn, deinen Gott, lieben von ganzem Herzen, von ganzer Seele, von ganzem Gemüt und mit allen deinen Kräften«?

Die Reise in das Land der Gottesliebe

Jesus beantwortet diese Frage mit einem Kniff: Er verwandelt die seelische Fragestellung in eine räumliche. Er erfindet die Metapher vom »Reich Gottes«.

Dies muss eines seiner Lieblingswörter gewesen sein. Immer wieder spricht er davon, in Gleichnissen und Geschichten. Immer wieder umkreist er dieses Thema, und eines Tages reicht es den Pharisäern, den Profitheologen von damals. Sie nehmen, was sie sonst nie taten, dieses Wort selbst in den Mund und fragen ihn ganz direkt: »Wann kommt es denn, dieses Reich Gottes?«

Was Jesus ihnen darauf antwortet, enthält in wenigen Worten den tiefsten Kern unseres christlichen Glaubens. Er sagt:

> *»Das Reich Gottes kommt nicht so, dass man's beobachten kann. Man wird nicht sagen: Schaut, hier ist es! Oder: Da ist es! Denn, seht her: Das Reich Gottes ist mitten in euch.«*
>
> Lukas 17,20–22

In der älteren Lutherübersetzung heißt es: »Das Reich Gottes ist inwendig in euch«. In der neueren Fassung lautet die Stelle nun »Das Reich Gottes ist mitten unter euch.« Dahinter steckt ein theologischer Streit, und der ist höchst interessant und höchst überflüssig zugleich.

Denn es ist beides richtig. Ganz wörtlich übersetzt sagt Jesus in etwa »Reich Gottes innen euch ist«. Das lässt Raum für beide Bedeutungen: 1. Das Reich Gottes ist in eurem Innern. 2. Es ist mitten unter euch, zwischen euch, es ereignet sich in euren Beziehungen zu anderen Menschen. Aber es gibt noch eine dritte Bedeutung: Das Reich Gottes entsteht vor euren Augen in der Zukunft. Es ist nicht einfach da, sondern es wächst heran, es naht, es kommt. Es sind also drei Arten, auf die Gott zu uns kommt: in unserem Inneren, im Nächsten und in der Zukunft. Zugleich sind es die drei Wege, auf denen man zum JesusLuxus der Gottesliebe gelangen kann.

Gott begegnen im eigenen Inneren

Diese Weise, zu Gott zu gelangen, ist enthalten in der alten Lutherübersetzung: »Das Reich Gottes ist inwendig in euch.« Jesus erläutert das in vielen Gleichnissen. Das Reich Gottes wird wie ein Samenkorn auf den Acker gestreut. Der Samen ist das Wort Gottes, und der Acker ist unsere Seele. Dieser Acker kann schlechter Boden sein, in dem alles eingeht. Oder steiniger Boden, in dem das Korn viel Geduld und Nahrung braucht. Oder fruchtbarer Boden, in dem es gedeiht und prachtvoll heranwächst. Niemals aber kann der Acker mit stolz geschwellter Brust sagen: Schaut mich an, *ich* habe Getreide hervorgebracht! Nein, das war nicht ich, sondern etwas Größeres: das Leben selbst und die Kraft, die hinter dem Leben steckt. Die Kraft, die das Universum und das Leben her-

vorgebracht hat. Diese Kraft nennen wir Gott oder Schöpfer oder Vater oder welchen Ausdruck Sie auch immer in Ihrem Herzen dafür haben. Glaube ist das Vertrauen: Er oder Sie oder Es ist da.

Eltern kennen das, wenn sie ein Kind bekommen. Natürlich braucht es Willenskraft, und es kostet Anstrengungen und Schmerzen, bis das Kind geboren ist. Es kostet Geduld und Zeit und Nerven und natürlich Geld, das Kind am Leben zu erhalten und großzubekommen. Zugleich aber ist klar, dass so ein Kind nicht die Erfindung seiner Eltern ist. Sie öffnen sich einem Größeren, dem Leben, das durch sie hindurch Wirklichkeit wird. Sie sehen ihr Kind an und finden, dass es Augen hat wie die Großmutter, dass es die Haarfarbe vom Vater hat, die Hände vom Großvater. Zugleich sehen sie, dass es etwas ganz Neues ist und dass es ein Mensch ist wie viele, viele Generationen davor auch. Dass es Teil ist des Lebens an sich. Und sie zeigen ihre Verbundenheit mit der größeren, göttlichen Kraft des Lebens dadurch, dass sie das Kind taufen lassen.

So ist es auch bei der Suche nach Gott. Wir steigen in uns hinab, wir nähern uns immer weiter unserer Mitte, und am Ende ahnen wir diesen kleinen Raum, der das Zentrum unseres Selbst ist. Wenn wir es endlich gewagt und geschafft haben, die innerste Tür zu öffnen, dann begegnen wir dort nicht nur uns selbst, sondern dem, der größer ist als wir selbst.

Der Trick mit dem mitgebrachten Schatz

Jesus erzählt darüber eine Geschichte, die ich ganz besonders liebe: Ein Mann fand in einem Feld einen Schatz, und nun setzte er alles in Bewegung, um dieses Feld zu kaufen, damit der Schatz in seinen Besitz kommt.

Manche Menschen trauen ihrem Innersten nicht. Sie haben Sorge, dass der Raum in ihrer Mitte leer ist, und vorsorglich nehmen sie einen Gott von außen mit hinein. Das ist auch bei Christen recht verbrei-

tet. Sie lesen in der Bibel von den Erfahrungen der anderen Menschen mit Gott, und daraus formen sie eine Theorie: So und so muss Gott sein, und so muss er auch in mir zu finden sein. Ein Gott, der ganz aus Liebe besteht. Oder ein gerechter, aber strafender Gott. Oder ein großzügiger Gott, der alle Religionen mit seiner Liebe umfasst. Oder ein eindeutiger Gott, der auf Entscheidung und Klarheit bedacht ist.

Welchen von diesen sie auch immer zum einzig gültigen erklären – von diesem einen behaupten sie dann, sie hätten ihn in ihrem Innersten wiedergefunden. Aber so geht das nicht. Der Gott, der uns in unserem Innersten begegnet, ist ganz anders als die Vorstellungen, die wir uns von ihm machen. So, wie er in unserem Innersten wohnt, ist er überraschend, unverwechselbar und einzigartig, im intimsten Sinne ein persönlicher Gott.

Dieses Thema vom Weg nach innen liegt mir sehr am Herzen. Weil mir immer klarer wird, was der wahre Grund ist für die Müdigkeit in unserer Kirche. Es liegt nicht an den falschen Managementmethoden, es liegt nicht an der Kirchensteuer oder der Konkurrenz der Medien. Der Grund für so manchen fast leeren Gottesdienst ist auch nicht, dass die Menschen traditionslos sind oder faul. Der Grund ist die mangelnde Erfahrung der Liebe Gottes. Und die ist durch nichts zu ersetzen.

Auf dem evangelischen Kirchentag 2001 in Frankfurt am Main saß auf einem Podium der PDS-Vorsitzende Gregor Gysi zusammen mit einer Bischöfin und Theologen, und er sprach durchaus eindrucksvoll von *seinem* Glauben, dem Glauben an den Menschen. Keiner der Christen kriegte es auf die Reihe, ebenso eindrucksvoll von seinem Glauben an Gott zu sprechen. Es wurde zwar korrekt vom Glaubensbekenntnis her geantwortet, aber der Funke sprang einfach nicht über. Ich will das nicht verurteilen. Es ist schwer, vor 10 000 Zuschauern schlagfertig und geistesgegenwärtig zu sein. Ich sehe es aber als Indiz, wie wenig selbstverständlich die Gottesliebe uns geworden ist. Selbst wenn wir sie haben – wir trauen uns nicht, sie zu zeigen.

Gott begegnen im anderen Menschen

»Du sollst den Herrn, deinen Gott, lieben von ganzem Herzen, von ganzer Seele, von ganzem Gemüt und mit allen deinen Kräften.« Ich habe etwas geschummelt und den zweiten Teil unterschlagen. Der lautet so:

JesusLuxus-Anregung: Erinnern Sie sich an die großen Orte Ihres Lebens

Gottesliebe lernen Sie nicht im Konfirmandenunterricht und nicht im Theologiestudium. Gottesliebe lernen Sie aber vielleicht nachts unter dem Sternenhimmel, wenn Sie die Unendlichkeit des Universums ahnen und den Schöpfer, der das gemacht hat. Gottesliebe lernen Sie vielleicht, wenn Sie sich Ihre Hand ansehen, sie bewegen, über dieses Wunderwerk staunen und plötzlich ganz begeistert sind über die Kraft, die das geschaffen hat. Gottesliebe lernen Sie vielleicht, wenn Sie ein Musikstück hören und es Resonanz in Ihnen hervorruft und Sie fasziniert sind von den vielschichtigen Klängen und den anrührenden Melodien und Sie die Verbindung ahnen zwischen den Schallwellen und Ihrem Ohr und Ihrem Gehirn und dem, der beides aufeinander hin konstruiert hat. Wie herrlich das ist, wie liebenswert, wie wunderschön und wie nah. Wie stolz können Sie darauf sein, den Schöpfer von alldem zu kennen!

Erinnern Sie sich an solche Erlebnisse, an die Orte solcher Ereignisse? Vielleicht war es ein großes wunderbares oder ein großes furchtbares Geschehen. Die Generation meines Vaters hatte solche Erlebnisse manchmal inmitten der Katastrophen des Krieges. Vielleicht war es ein ganz kleines Erlebnis, ein Flüstern Gottes in der Einsamkeit, ein winziges Licht inmitten einer grässlich dunklen Phase persönlicher Depression.

Ich bin überzeugt: Jeder Mensch hat schon einmal in seinem Inneren den Funken der Liebe Gottes gespürt, oft auch mehrfach. Aber so gut wie niemand konnte das während dieses Spürens wirklich deuten, und nur wenige konnten das später. Vielleicht gelingt es Ihnen jetzt. Falls nicht, bitten Sie um das Geschenk, die Gottesliebe so bald wie möglich selbst erleben zu dürfen.

Dies ist das höchste und größte Gebot.
Das andere aber ist ihm gleich:
»Du sollst deinen Nächsten lieben wie dich selbst.«
Matthäus 22,38–39; zitiert wird 3. Mose/Levitikus 19,18

Meine Schummelei war Absicht. Denn das Gebot der Gottesliebe ist unbeliebt. Daher halten sich viele gern an diesem zweiten Teil fest: Dann beginnen wir doch erst einmal bei der Nächstenliebe, bei der Diakonie und dem sozialen Engagement, bei Solidarität mit Unterdrückten und Kampf für Befreiung. Aber Jesus redet von zwei Beinen, auf dem unser Glaube steht, und er beginnt nicht zufällig mit dem Bein, mit dem man anfangen sollte zu laufen: mit der Liebe zu Gott als dem Herzstück unseres Glaubens. Diese Liebe ist die Innenseite des Evangeliums. Ohne sie braucht man sich nicht Christ zu nennen.

Diese Liebe zu Gott ist so riesengroß, dass sie förmlich überläuft. Sie strömt vom erfüllten Innen nach außen. Und die Außenseite des Evangeliums ist die Nächstenliebe. »Wann kommt das Reich Gottes?«, hatten die Pharisäer gefragt. Und Jesus antwortete: »Das Reich Gottes ist mitten unter euch.« Diese zweite Art der Übersetzung ist die zweite Bedeutung von Jesu wichtigem Satz: Das Reich Gottes ist in eurer Mitte. Zwischen euch. Es ereignet sich, wo ihr anderen Menschen begegnet, zwischen euch und eurem Nächsten. Jesus stellt klar: »Wer sagt, er liebt Gott, und hasst seinen Bruder, der ist ein Lügner.«

JesusLuxus-Anregung: Blicken Sie von oben auf eine Stadt

Gehen Sie auf einen Berg, einen Kirchturm oder ein Hochhaus, von wo aus Sie auf eine Stadt blicken können. Stellen Sie sich die Menschen auf den Plätzen, in den Häusern und in den Autos vor und wie jeder dieser Menschen von mindestens einem anderen geliebt wird: Kinder und Eltern, Frauen und Männer, denken Sie an Freundschaften, helfende Bezie-

hungen wie zwischen Arzt und Patienten, Lehrern und Schülern, Dienstleistern und ihren Kunden. Stellen Sie sich diese im weitesten Sinne liebevollen Verbindungen als schwerelose goldene Bänder vor, die die Herzen der miteinander in liebevoller Beziehung stehenden Menschen verbinden.
Dadurch entsteht ein dichtes Netz aus Liebe.
Spüren Sie, wie auch von Ihrem eigenen Herzen solche Bänder in die Stadt und weit darüber hinaus verlaufen. Stellen Sie sich den Erdball vor, wie er eingehüllt ist in ein komplexes, wunderschönes Muster aus einer schier unendlichen Zahl solcher goldenen Verbindungen.
Spüren Sie die Kraft, die von diesem Netz der Verbundenheit ausgeht. Wenn diese Bänder leuchten könnten, wäre es niemals und nirgends auf der Erde wirklich dunkel.

Gott begegnen in der Zukunft

»Reich Gottes innen euch ist«, darin steckt auch die Idee von einem Samen, der »in euch« aufgeht, heranreift und zu einem bestimmten Zeitpunkt ans Licht kommt. Der JesusLuxus der Gottesliebe keimt, er drängt mit einer ihm eigenen Kraft nach außen.

Die Liebe will den Kuss und die Umarmung jetzt, nicht später. Sie will, dass Gemeinschaft geschieht und bleibt und weiterwächst. Sie will Zukunft. Deswegen spricht Jesus in einer eigentümlich wechselnden Weise in der Gegenwarts- und in der Zukunftsform, wenn er vom Reich Gottes spricht: Es ist da. Es wird kommen. Es wächst.

Das Reich Gottes ist nicht nur gegenwärtig und zukünftig, sondern es reicht auch zurück in das, was war. Es ist verbunden mit der Geschichte Gottes mit seinem Volk. Es ist verbunden mit dem Zug der Christen durch die Jahrhunderte. Es gibt Kirchen und Kathedralen in diesem Land, Kliniken und Kindergärten,

Zeugnisse großer Gottesliebe und Zeugnisse großer Nächstenliebe. Wir müssen sie nicht neu erfinden.

Wir sind Teil eines großen Pilgerstroms. Wir laufen am Schluss des Zuges, weil wir als Letzte kamen. Aber wir werden von den Pilgern der Vergangenheit bis nach vorne durchgereicht, und man klopft uns auf die Schultern und sagt uns: Geht jetzt ihr voran. Ihr habt die besten Augen. Ihr habt die frischen Herzen. Führt uns weiter. Marschiert jetzt ihr an der Spitze. Unseren Segen habt ihr. Das ist die Versöhnung von Tradition und Erneuerung, von Restauration und Reformation. So sind wir Pilger der Tradition und gleichzeitig Pfadfinder in die Zukunft. Wir wären schlechte Führer, wenn wir uns dabei bloß im Kreis bewegen und nicht Neuland erschließen würden.

Wir tragen dabei den Traum von einer neuen Zukunft Gottes mitten in uns. Und unter uns. Und er ist als künftige Herrlichkeit wachsend vor uns. Die Zukunft Gottes zu finden ist eine Entdeckung. Sie kommt nicht von außen. Sie ist schon da, und sie wartet gespannt und unendlich geduldig darauf, dass wir sie finden.

JesusLuxus-Anregung: Blicken Sie in die Ferne und in die Zukunft

Stellen Sie sich (real oder in Gedanken) noch einmal auf den erhöhten Punkt, und blicken Sie auf die Stadt. Stellen Sie sich vor, wie um Sie herum die Zeit zu rasen beginnt in einem gigantischen Zeitraffer. Sehen Sie vor Ihrem geistigen Auge, wie Häuser abgerissen werden, abbrennen, aufgebaut werden. Wie neue Straßenzüge und Stadtviertel entstehen oder auch für immer verschwinden. Sehen Sie, wie in ganz ferner Zukunft die Menschen diese Stadt verlassen, weil sich

das Klima ändert oder ein großes Naturereignis alles verändert. Wie die Stadt verfällt, wie die Erde sich verändert, in Jahrmilliarden das Licht der Sonne schwächer wird, wie alles zerfällt, wie das sich heute noch ausdehnende Weltall sich wieder zusammenzieht und sich in einem neuen Urknall neu erschafft und und und – setzen Sie Ihrem Vorstellungsvermögen keine Grenzen.

Bemerken Sie, wie groß Ihr Geist ist? Wie Sie mühelos in die Unendlichkeit denken können und wieder zurück? Dass Sie das können, ist der Keim des Reiches Gottes, der zeitlose Funken der Gottesliebe in Ihnen, über alle Dimensionen erhaben und unendlich luxuriös.

Der Luxus, das Geld leichtzunehmen: Jesus und der Mammon

Jetzt kommen wir zum kniffligsten Thema dieses Buchs. Beim normalen materiellen Luxus braucht man vor allem eines: Geld. Wie ist es beim Jesus-Luxus? Darf man hier vor allem eines nicht haben: Geld? Als vorläufige Antwort kann ich Ihnen verraten: So einfach ist es nicht. Überhaupt krankt die aktuelle Debatte über Wachstum, Wirtschaft und Wohlstand an solchen statischen und schablonenhaften Standpunkten.

Jesus kam aus armen Verhältnissen, er predigte die Armut, ging zu den armen Leuten und war überzeugt, dass nur die Armen in den Himmel kommen. So, leicht übertrieben, die gängige Zusammenfassung in Sachen Bibel und Finanzen. Ich habe in meiner Ausbildung zum evangelischen Pfarrer gelernt, einen Bibeltext nie aus dem Gedächtnis zu zitieren, sondern immer die Bibel aufzuschlagen und den genauen Wortlaut zu lesen. Er ist meist viel facettenreicher und widerspenstiger als unsere »geglättete«, ungenaue Erinnerung daran. Lassen Sie uns daher einige der über 50 Jesus-Geschichten genauer ansehen, in denen es direkt oder indirekt um Geld geht.

Dass Jesus nicht aus armen Verhältnissen stammte, hatten wir schon im Kapitel über seine Geburt gehört. Ebenso das erstaunliche Detail, dass der neugeborene König der Juden schon zu Beginn seines Lebens mit Gold beschenkt wurde. Der Jünger Judas verwaltete die Kasse – besitzlos war die Truppe Jesu also nicht. Ob Jesus als umherziehender Rabbi von Spenden gelebt hat oder sich vielleicht ab und zu als Zimmermann verdingt hat, darüber erfahren wir in den Evangelien nichts.

Gott und Geld schließen sich aus

In seiner berühmten Bergpredigt spricht Jesus so kraftvoll und kompromisslos über das Geld wie sonst selten:

> *»Ihr sollt nicht Schätze sammeln hier auf Erden, Schätze, die von Motten und Rost gefressen werden und von Dieben gestohlen. Sammelt euch Schätze im Himmel! Denn wo dein Schatz ist, da ist auch dein Herz. Niemand kann zwei Herren dienen. Ihr könnt nicht Gott dienen und dem Mammon.«*
>
> Matthäus 6,19–24

Es hat immer wieder Versuche gegeben, diese klare, ja schroffe Aussage so lange abzumildern, bis es am Ende hieß: Das kann er wohl nicht so radikal gemeint

haben; irgendwie kann man schon Gott dienen und ein bisschen Mammon dabei haben.

In der amerikanischen Tradition versucht man es mit dem Umweg über den Segen: Wenn Gott es gut mit einem meint, dann gibt er einem Segen, und zwar auch den materiellen.

Ein anderer Weg, um Gott und Mammon gleichzeitig zu haben, ist das Gelübde der Armut bei den Mönchen und Nonnen, also absolute Besitzlosigkeit des Einzelnen. Ordensleute tragen jedoch kein wirtschaftliches Risiko wie die Armen. Ordensleute besitzen persönlich nur wenig, aber die Orden und Klöster stellen alles Notwendige zur Verfügung. Die Orden selbst waren und sind alles andere als besitzlos. Nur

wenn ein Mann oder eine Frau den Orden verlässt, dann ist er plötzlich in einer Situation wie die Armen im Neuen Testament, ohne jede Absicherung, ohne geregeltes Einkommen und ohne Ansehen. Es kommt immer wieder vor, dass ehemalige Mönche und Nonnen ohne jeden Altersschutz dastehen und von der Sozialhilfe leben müssen. Das kann keine Lösung sein.

Dann gibt es das protestantische Modell: Man hat zwar Geld und lebt ein mittelständisches, unauffälliges Leben wie alle anderen, man »fühlt« sich dabei aber irgendwie besitzlos. Materiell ist man zwar nicht arm, aber doch auf jeden Fall »unreich«. Man hat Geld, mag es aber nicht wirklich und genießt es auch nicht. Damit, so die Idee, erfüllt man das Gebot Jesu doch wenigstens emotional. Nein. So kann man, glaube ich, Jesus auch nicht verstehen.

Radikal alles weggeben

Jesus mag keine unklaren, halben Sachen. Jesus ist fasziniert von Menschen, die radikal sind, weil er selbst sehr radikal gelebt und gedacht hat. Von einer radikalen Frau berichtet eine Geschichte, die im Tempel von Jerusalem spielt.

Und Jesus setzte sich dem Gotteskasten gegenüber und sah zu, wie das Volk Geld einlegte in den Gotteskasten. Und viele Reiche legten viel ein. Und es kam eine arme Witwe und legte zwei Scherflein ein, das macht zusammen einen Pfennig.

Da rief Jesus seine Jünger zu sich und sprach zu ihnen: Wahrlich, ich sage euch: Diese arme Witwe hat mehr in den Gotteskasten gelegt als alle anderen, die etwas eingelegt haben. Denn sie haben alle etwas von ihrem Überfluss eingelegt; diese aber hat von ihrer Armut ihre ganze Habe eingelegt, alles, was sie zum Leben hatte.

Markus 12,41–44

Wenn ich mir diese Szene bildlich vorstelle, finde ich zunächst eine Antwort auf die reizvolle Frage, was Jesus eigentlich den ganzen Tag gemacht hat. Er hätte doch seine knappe Lebenszeit intensiv nutzen müssen, unentwegt predigen, Kranke heilen, eine stabile Organisation aufbauen. Stattdessen hat er sich auf zwölf Schüler beschränkt, ab und zu gepredigt, ab und zu geheilt, und – ganz orientalisch – im Schatten gesessen, sich unterhalten oder einfach den Menschen zugeschaut. Diesen JesusLuxus hat er sich gegönnt.

Das Ganze ereignete sich im Tempel, dem Zentrum der Hauptstadt und dem Zentrum des Landes. Die Gotteskästen befinden sich im Vorhof der Frauen.

Hier dürfen alle hin, Männer und Frauen. Hier ist besonders viel los. Es gibt etwas zu sehen. Viele Reiche sind dabei, heißt es. Es wird nicht berichtet, dass Jesus dabei angewidert weggeschaut hätte. Jesus beobachtet ohne Urteil, und er macht keine allgemeine Lebensregel aus dem, was er sieht. Die arme Witwe hat ihn ganz offensichtlich fasziniert – und gleichzeitig vielleicht auch schockiert. Der Gotteskasten, in den die Witwe ihre ganze Habe legt, war kein Klingelbeutel oder eine Armenkasse, aus der die besonders Bedürftigen der Gemeinde unterstützt werden. Im 2. Buch der Könige im Alten Testament wird genau beschrieben, dass das, was in den Gotteskasten kommt, ausschließlich der Erhaltung des Tempels dient. Früher einmal war es in Israel üblich gewesen, dass die Gläubigen das Geld für den Tempelbau einfach den Priestern gaben. Als dieses Geld aber regelmäßig in den privaten Taschen der Geistlichen versickerte, kam König Joasch auf die Idee mit der großen Kiste, oben mit einem so kleinen Loch, dass man nichts wieder herausnehmen konnte. Der Gotteskasten wurde öffentlich aufgestellt und durfte nur im Beisein eines königlichen Beamten geöffnet werden. Dabei wurde genau darüber gewacht, dass

von dem Geld nur die Ausbesserungsarbeiten am Heiligtum bezahlt wurden. Eine clevere Antikorruptionsmaßnahme, die viele Jahrhunderte beibehalten wurde, bis in die Zeit Jesu.

Es ist also keine diakonische oder soziale Tat, die die Witwe mit ihrer Spende vollbringt, sondern religiöses Engagement mit dem Ziel, den baufälligen Tempel instandzuhalten.

Unmittelbar vor der Erzählung vom Scherflein der Witwe warnt Jesus seine Freunde vor den Schriftgelehrten, die gern obenan in den Synagogen sitzen und, wie er sagt, »die Häuser der Witwen fressen«. Witwen waren der Inbegriff von armen, rechtlosen Menschen. Sie gehörten zu den Verlierern, wenn nicht sogar zu den Opfern des Systems. Und solchen Menschen, sagt Jesus, nehmen die frommen Schriftgelehrten auch noch das Letzte von dem weg, was sie haben.

Was mag Jesus gedacht haben, als er am Gotteskasten die Witwe ihre gesamte Habe spenden sah? Vielleicht hat er sich überlegt, was mit diesen Scherflein geschieht: Die Schriftgelehrten werden den Kasten öffnen, wenn er voll ist, und das viele Geld mitsamt den Scherflein der Witwe zur Renovierung des Tempels ausgeben. Kurzum: Die Schriftgelehrten werden die Habe der Witwe fressen.

Die klassische Auslegung der Geschichte von den Scherflein der Witwe lautet: Macht es so wie diese Frau, und gebt alles, was ihr habt, für einen guten Zweck. Kann Jesus das bei einer armen Frau im Ernst gemeint haben? Warum sollte eine arme und alte Frau, die mit Müh und Not überlebt, ihr letztes bisschen Geld zur Verschönerung des Tempels spenden? Kann es der Sinn einer Religion sein, dass die Tempel in aller Pracht erstrahlen, die Gläubigen aber vor den Toren des Tempels hungern und betteln gehen müssen?

Schlechte Armut, gute Armut

Es gibt eine schlechte Armut, die innere Armseligkeit, und die ist völlig unabhängig vom Besitzstand. Wer nur nehmen kann, ist armselig, und wenn er Millionen besitzt. Es gibt auch armselige arme Menschen, die nur nehmen und vergessen, dass auch sie etwas zu geben haben, nämlich ihre Zeit, ihre Freundlichkeit, ihre Dankbarkeit und ihren Segen.

Die gute Armut lässt sich das Teilen nicht nehmen. Das hat Jesus an der armen Witwe im Tempel fasziniert: Sie hat ihre Würde behalten. Sie hat das wenige, was sie besaß, gegeben – ohne großes Aufheben darum zu machen. Nicht nach dem berühmten Reiche-Leute-Spruch des Multimillionärs Henry Ford, »Tue Gutes und rede darüber«, nein, sie hat ihre Würde behalten, weil sie es so unspektakulär tat, dass Jesus genau hinsehen musste, um zu erkennen, dass sie Geld in den Gotteskasten legte. Sie gab in einer würdevollen Weise, weil sie es sich nicht nehmen lassen wollte. Das ist die Freiheit auch in der Armut.

»Wenn jemand spendet, sollen beide, der Gebende und der Beschenkte, daran denken, dass der Dank Gott gebührt«, schrieb der christliche Eremit Markus im Jahre 400. Der Gebende soll dankbar sein, dass Gott durch ihn seine Gaben weitergibt und sein Herz offen genug ist, um von seinem Besitz etwas loszulassen. Der Beschenkte soll dankbar sein, dass er durch einen anderen Menschen die Gaben Gottes empfängt. Und dass sein Herz offen genug ist, diese Gabe anzunehmen.

Aber warum, so würde ich selbst gerne nachfragen, warum hast du, Jesus, die Armut gewählt? Und ich höre ihn antworten: Das habe ich getan, um euch ein lebendiges Zeichen zu sein. Die armen, unterdrückten und verachteten Menschen können euch die wichtigsten Wahrheiten lehren für richtungweisende Erkenntnisse im Leben. Denn es gibt in eurer Seele einen Teil, den ihr unterdrückt und verachtet, und das

JesusLuxus-Anregung: Lesen Sie die Bibel wie ein Filmregisseur

In der Bibel stehen nur selten Regieanweisungen. Wir wissen nicht den Tonfall, in dem Jesus bestimmte Sätze gesprochen hat, wer zugehört hat, welche Tageszeit und wie das Wetter war. Wenn Sie einen Bibeltext lesen, dann stellen Sie sich vor, Sie wären ein Filmregisseur und müssten am nächsten Tag die Szene drehen. Was sollen die Bühnenbildner bauen? Welche Statisten brauchen Sie? Welche zusätzlichen Dialoge müssen Sie

ist die arme Frau oder der arme Mann in eurem Inneren. Diese kleine, unscheinbare und oft übersehene Gestalt möchtet ihr am liebsten verleugnen. Aber sie hält für euch die wichtigsten Gaben bereit.

Jesus freut sich, wenn Menschen im Laufe ihres Lebens Kontakt bekommen mit dieser armen Gestalt

schreiben? Was tun die Schauspieler – spricht Jesus beispielsweise im Sitzen, Stehen, oder geht er dabei? Wo sind Pausen?
In der vorliegenden Geschichte höre ich Unmut und Zorn in Jesu Stimme: »Sie hat von ihrer Armut ihre ganze Habe eingelegt, alles, was sie zum Leben hatte!« Ich sehe, wie Jesus mit der Hand auf den Boden schlägt: »Seht euch diese religiöse Ausbeutung an! Den Ärmsten der Armen ziehen sie die letzten Pfennige aus der Tasche!«
Ich bin überzeugt, dass Jesus die Scherflein der Witwe im Gotteskasten, die zur Instandhaltung des Tempels verwendet werden, für schlecht angelegtes Geld hält. Denn – und hier noch ein Tipp für Bibelregisseure: Lesen Sie stets die Episode vor und nach dem Text, den Sie »verfilmen« möchten – direkt nach seiner Bemerkung über die Scherflein der Witwe verlässt Jesus mit seinen Jüngern den Tempel. Sie bewundern die gewaltigen Quader, aber Jesus sagt: »Kein Stein wird hier auf dem anderen bleiben, und jeder wird zerbrochen werden.« Genau so ist es tatsächlich gekommen, als die Römer gut 30 Jahre später das religiöse Zentrum der Juden dem Erdboden gleichgemacht haben. Die Jünger bestaunen die prachtvollen Mauern des Tempels, sie sind beeindruckt vom alten System, aber Jesus warnt: »Das alles hier zerfällt. Haltet euch nicht fest an der äußeren Pracht. Sie ist bald kein Scherflein mehr wert.«

in ihrer Seele. Das ist ein Ziel, auf das hin zu leben sich lohnt. So wie Martin Luthers letzte Worte auf seinem Sterbebett, die das Thema Geld auf die vielleicht einfachste Formel bringen: »Wir sind Bettler, das ist wahr.«

Jesus und der reiche Jüngling

Eine andere berühmte Geldgeschichte spielt auf dem Land, in Galiläa. Mitten auf der Straße kniet ein junger Mann vor Jesus nieder und ruft ihm zu:

»Was muss ich tun, um das ewige Leben zu erhalten?« Jesus fragt ihn die klassischen Gebote ab. Ja, sagt er auf den Knien, die habe ich gehalten. Jesus, so heißt es ausdrücklich, gewinnt diesen jungen Mann lieb. Dann sagt er: »Eins fehlt dir noch. Geh hin, verkaufe alles, was du hast, gib es den Armen, so wirst du einen Schatz im Himmel haben. Dann komm, und folge mir nach.« Als der Mann das hörte, war er enttäuscht und ging traurig fort, denn er hatte viele Güter. Jesus sah seine Jünger der Reihe nach an und sprach: »Wie schwer werden die Reichen ins Reich Gottes kommen!« Die Jünger erschraken über dieses Wort, aber Jesus sagte wiederum: »Liebe Kinder, wie schwer ist's, ins Reich Gottes zu kommen! Es ist leichter, dass ein Kamel durchs Nadelöhr geht, als dass ein Reicher ins Reich Gottes komme.«

Markus 10,17–27

Es wird nicht berichtet, wie es mit dem jungen Mann weitergeht. Das ist eigentlich gut so, denn dadurch ist in dieser Erzählung Platz für uns selbst. Wenn ich der reiche Jüngling wäre, so denke ich mir jedes Mal beim Hören dieses Berichts, was wäre da in mir vorgegangen? Ich stelle mir vor, dass diese kurze Begegnung mit Jesus mein Leben verändert. Dass diese Traurigkeit der Startpunkt ist für etwas ganz Neues. Etwas, das langsam wächst, das Vorbereitung braucht, anders als bei den Jüngern Jesu, von denen es heißt, sie hätten spontan alles stehen und liegen gelassen, um mit Jesus durchs Land zu ziehen.

»Wie schwer werden die Reichen ins Reich Gottes kommen!«, sagt Jesus. Da frage ich mich umgekehrt: Wie arm muss man sein, damit man sicher ins Reich Gottes kommt? Genügt »untere Mittelschicht«? Wenn man sich »nur ein kleines Auto leisten« kann? Oder, wie man so sagt, »von dem bisschen Geld keine großen Sprünge machen« kann? Oder muss man doch so arm sein wie die Jünger Jesu, die auf alles verzichtet haben und ihm nachgefolgt sind? Die beiden Brüder Simon und Andreas, so wird erzählt, waren gerade beim Fischen, aber als Jesus zu ihnen sprach, da ließen sie ihre Netze hängen und gingen mit, so wie sie gerade waren. Wir würden die Jünger Jesu eindeutig als Arme einstufen, als mittellose ehemalige Fischer, die die Sorgen des reichen Jünglings nicht teilen müssen und befriedigt hätten nicken können: »Da hast du recht, Meister, solche reichen Leute kommen nur schwer ins Himmelreich!« Das sagen die Jünger aber nicht. Sie zählen sich offensichtlich nicht zu den Armen.

> *Da gerieten die Jünger völlig außer sich und sprachen: »Wer kann dann überhaupt selig werden?« Jesus aber sah sie an und sprach: »Für Menschen ist das unmöglich, aber Gott kann es. Für Gott ist nichts unmöglich.«*
> Markus 10,17–27

Da wird deutlich, dass Jesus den reichen Jüngling oder die reichen Menschen nicht verdammt. Und auch den Armen hat er den automatischen Zutritt zum Reich Gottes nicht versprochen. JesusLuxus in Sachen Geld bedeutet, die eindimensionale Sichtweise »Kommt ein Reicher in den Himmel?« grundsätzlich zu hinterfragen. Den Himmel kann man sich nicht selbst öffnen, nicht durch Reichtum und nicht durch Armut. »Für Menschen ist das unmöglich«, sagt Jesus. Die Tür geht nur von innen auf: Gott selbst hat uns den Himmel geöffnet.

**JesusLuxus-Anregung:
Lesen Sie die Bibel wie ein Filmschauspieler**

Wenn Ihnen die letzte JesusLuxus-Anregung mit dem Filmregisseur zugesagt hat, gehen Sie einen Schritt weiter: Jetzt wird die Szene gedreht, und Sie übernehmen die Rolle des reichen jungen Mannes. Denken Sie sich wie ein guter Schauspieler hinein: Wie reich sind Sie? Wie leben Sie?

Was sind Sie für ein Mensch? Warum sind Sie auf den Gedanken gekommen, den Wanderprediger Jesus zu treffen? Warum knien Sie vor ihm nieder? Knien Sie sich hin. Kniet ein Reicher anders als ein Armer? Wenn Sie biblische Geschichten derart verinnerlichen, werden Sie erstaunliche Entdeckungen machen.

Der ungerechte Verwalter

Bergpredigt, Scherflein der Witwe, reicher Jüngling – das sind die klassischen Motive, aus denen sich die meisten Christen die Einstellung Jesu zum Geld zusammenreimen: Er war dagegen. Aber es gibt auch Geschichten, die einem beim Lesen gleichsam quer

im Hals stecken bleiben. Für mich ist das vor allem Jesu Gleichnis über den ungerechten Verwalter.

Es war ein reicher Mann, der hatte einen Verwalter. Der wurde beschuldigt, er verschleudere den Besitz seines Chefs. Der ließ ihn rufen und sprach: »Was muss ich da hören? Gib Rechenschaft über deine Tätigkeit, denn ab sofort kannst du nicht mehr mein Verwalter sein.« Der Verwalter sprach zu sich selbst: »Was soll ich tun? Mein Herr nimmt mir das Amt, für harte körperliche Arbeit bin ich zu schwach, und zu betteln schäme ich mich. Ha, ich weiß, was ich tue, damit sie mich bei sich zu Hause aufnehmen, wenn ich mein Amt hier nicht mehr habe.«
Und er rief alle Schuldner seines Chefs zu sich, jeden einzeln, und fragte den ersten: »Wie viel schuldest du meinem Herrn?« Der sprach: »100 Eimer Öl.« Der Verwalter sagte zu ihm: »Zeig deinen Schuldschein, setz dich hin, und schreib 50.« Danach fragte er den zweiten, der

schuldete 100 Sack Weizen, und sprach zu ihm: »Zeig deinen Schuldschein, und schreib 80.« Da lobte der Herr den ungerechten Verwalter, weil er klug gehandelt hatte. Denn die Kinder dieser Welt sind untereinander klüger als die Kinder des Lichts. Und ich sage euch: Macht euch Freunde mit dem ungerechten Mammon, damit, wenn es zu Ende geht, sie euch aufnehmen in die ewigen Hütten.

Lukas 16,1–9

Der letzte Satz ist ausgesprochen merkwürdig, vielleicht aber auch genial: »Macht euch Freunde mit dem ungerechten Mammon.« Im Matthäusevangelium sagt Jesus diesen Satz auch, allerdings in anderem Zusammenhang, direkt nach seinen schroffen Worten, dass niemand Gott und dem Mammon gleichzeitig dienen könne.

Jesus verteufelt das Geld nicht – wohl wissend, dass es für die meisten Menschen eine unentbehrliche Lebensgrundlage ist. Aber er bezeichnete es mit einem entwaffnend einfachen Adjektiv: der *ungerechte* Mammon. Mit Geld, das erkennen wir immer wieder, lässt sich keine wirkliche Gerechtigkeit herstellen. Die Armen werden immer ärmer, die Reichen immer reicher – so heißt es oft schulterzuckend. Wahr ist das natürlich auch nicht, denn ein Reicher kann sehr wohl Geld verlieren, er kann es verspielen, es durch Spekulation oder eine globale Wirtschaftskrise schneller los sein als gedacht. Auch kann ein Armer reich werden, das ist der Charme unseres Wirtschaftssystems. Auch wenn es vielen so erscheinen mag, als hätten wir noch eine Ständegesellschaft oder ein Kastensystem – immer wieder gibt es Berichte, wie es jemand geschafft hat, durch Bildung, durch eine pfiffige Idee oder durch das Glück, zur richtigen Zeit am richtigen Platz gewesen zu sein.

Trotzdem, aufs Ganze gesehen sieht Jesus das schon richtig. Geld ist ungerecht. Und er ahnte wohl nicht, wie viel mehr recht er inzwischen hätte. Dazu ein kleiner Ausflug in die Geschichte des Geldes.

Das ungerechte Geld zur Zeit Jesu

Im Römischen Reich, zu dem auch die Provinz Israel gehörte, waren Münzen aus Edelmetallen schon lange das übliche Zahlungsmittel. Gold und Silber haben als Geld viele Vorteile: Man kann es nicht beliebig vermehren. Gold- und Silbergewinnung ist teuer und anstrengend. Gold ist praktisch unbegrenzt haltbar, rostet nicht und hält solide sein Gewicht. Es lässt sich in klar definierte kleine Mengen aufteilen und in der Qualität leicht kontrollieren.

Die Geschichte des Geldes ist eine Geschichte der

großen Tricks. Von den vielen Kniffen, mit denen die Herrschenden ihre Untertanen mithilfe des Geldsystems betrogen haben, kannte Jesus erst eine einzige, die Wertverminderung. Kaiser Augustus, der zu Jesu Geburt an der Macht war, führte um das Jahr 23 vor Christus eine Münzreform durch, die eigentlich ein Münzbetrug war. Zuvor waren aus einem römischen Pfund Gold (327 heutige Gramm) 40 Aureus-Münzen geprägt worden. Augustus ließ alle Münzen einziehen und neue prägen, 42 aus einem Pfund. Ein Aureus wog nicht mehr 8,2 Gramm, sondern 7,8 Gramm. Kaiser Nero ließ etwa 80 Jahre später 45 Aurei aus einem Pfund prägen. Seine Nachfolger machten weiter und verschlechterten nicht nur das Münzgewicht (das sogenannte Schrot), sondern auch den Edelmetallgehalt (das Korn).

Über die Jahrhunderte kam es so zu einer schleichenden Geldentwertung zugunsten der Herrschenden. Solange das nicht übertriebene Ausmaße annahm, machten die Bürger den Schwindel mit. Denn im praktischen Leben änderte sich dadurch nichts: Ein Aureus behielt im Handel seinen Wert. Der Kaiser aber gewann dadurch zusätzliche Mittel in Höhe von 5 Prozent der gesamten Währungsmenge.Verglichen mit heute war diese Inflation harmlos, wurde vom Volk aber keineswegs anstandslos geschluckt. Die Bevölkerung protestierte heimlich dagegen, indem sie das alte Geld »von echtem Schrot und Korn« hortete und das neue, wertlosere Geld schnell ausgab. Der große Reformer Kaiser Konstantin der Große machte nicht nur das lange verfolgte Christentum zur Staatsreligion, sondern führte 324 auch eine große Geldreform durch. Der Solidus, eine Münze aus 4,55 Gramm reinem Gold, war nach Jahrhunderten mieser Legierungen eine Sensation. Zur religiösen Stabilisierung des gebeutelten Römischen Reiches kam die finanzielle Konsolidierung.

Das ungerechte Geld der Banken

Mit zunehmendem Wohlstand wurden die schweren Goldmünzen unpraktisch. Die ersten Banken entstanden, bei denen man seinen Goldbesitz aufbewahren konnte und die einem ein (möglichst fälschungssicheres) Papier gaben über die entsprechende Menge. Das Papiergeld war geboren. Kaum erfunden, wurde auch damit getrickst: Die Banken merkten bald, dass kaum jemand mit seinem Papier kam, um es in einen

Goldbarren zurückzutauschen. So gaben sie für jeden Barren Gold mehrfach Zettel aus, die dem Wert eines Barrens entsprachen. Der märchenhafte Aufstieg Venedigs ist nicht nur dem damals beginnenden Fernosthandel zu verdanken, sondern vor allem solchen »Finanzinnovationen«, die die Italiener damals erdachten.

Allerdings achteten die Banken darauf, es nicht zu übertreiben. Doppelt so viele Goldgutscheine wie

Gold entsprachen einer »Deckung« von 50 Prozent. Diese Kapitaldecke wurde schrittweise auf 10 Prozent reduziert, je nach dem Mut der Geldhäuser. Grundsätzlich aber bestand die Garantie, das Papier in hartes Gold zurücktauschen zu können. Hatte sich ein Geldinstitut verzockt, ging es mit großem Getöse zugrunde und schadete dem allgemeinen Vertrauen ins Bankensystem an sich. Daher agierten Banken viele Jahrhunderte lang zwar trickreich, aber ausgesprochen vorsichtig.

Der nächste Trick setzte noch eins drauf: Der Zettel war nicht mehr mit Gold gedeckt, nicht einmal anteilig, sondern mit einem Versprechen in die Zukunft. Man zahlte 1000 Dukaten an die Bank und erhielt dafür einen Zettel, gegen den man in 5 Jahren 1250 Dukaten zurückbekommen sollte. Der Pfandbrief war geboren und wurde ein rasanter Erfolg, denn die Verlockung war groß: Pro Jahr 5 Prozent verdienen – durch Nichtstun. Auch für die Bank war es verlockend, denn sie konnte die 1000 Dukaten des Einzahlers gegen eine jährliche Gebühr von zum Beispiel 10 Prozent an andere Kunden verleihen. Die 5 Prozent Differenz waren Gewinn für die Bank – Geld ohne Gegenleistung, aus nichts anderem erzeugt als dem Trick mit der Zeit.

Dieses stark vereinfachte Beispiel macht deutlich, dass wir uns seit Langem auf ein eigentlich sehr unsympathisches Geldsystem eingelassen haben: das Schuldgeld. Für jeden 50-Euro-Schein, den die Zentralbank herausgibt, muss jemand gefunden werden, der sich in gleicher Höhe verschuldet. Das ist der Kern des »ungerechten Mammons«, ein Geburtsfehler unseres Wirtschaftssystems. Allerdings ein traumhaft erfolgreicher. Am Anfang fiel er kaum auf. Jeder arbeitete ein bisschen mehr, um seine Schuldzinsen mit abzustottern. Dafür konnte er beispielsweise in einem Haus wohnen, das er noch gar nicht vollständig bezahlt hatte.

Das ungerechte Geld der Neuzeit

Der US-Dollar genoss als wichtigste Währung der Welt so hohes Ansehen, weil er auf dem Goldversprechen beruhte: Jederzeit konnte man bei der Federal Reserve Bank of USA 35 Dollar in eine Unze reines Gold umtauschen, das entspricht knapp einem Gramm Gold pro Dollar. Lange war das reine Theorie, denn warum sollte man zum unpraktischen Barrengold zurückkehren. Ende der 1960er-Jahre ließ das Vertrauen in den Dollar nach, und einige Privatleute und Regierungen wollten ihre Dollarreserven in echtes Gold tauschen. Es stellte sich heraus, dass die USA etwa 70 Milliarden Dollar Schulden im Ausland hatten, aber nur noch für gut 11 Milliarden Dollar Gold. Die trickreiche Lösung: 1971 schaffte der amerikanische Präsident Nixon die Goldbindung des Dollars ab. So etwas Altmodisches wie Gold sei überholt, hieß es. Die Wirtschaftskraft eines Landes sei eine viel verlässlichere Sicherheit als irgendwelche Halden glänzendes Metall in Fort Knox oder in den Bankkellern von New York.

Damit war eine wichtige Beschränkung des Schuldgeldes aufgehoben. Ab diesem Datum konnte die Zentralbank der USA theoretisch beliebig Dollars drucken, und in ihrem Gefolge taten das sehr bald auch die anderen Länder. Heute, so schätzt der Geldhistoriker Reinhard Deutsch, kreist in den Wirtschaftssystemen der Welt etwa 80-mal so viel Geld, wie für den Warenverkehr notwendig wäre. Das Problem unserer Wirtschaft ist nicht Geldmangel, sondern genau das Gegenteil: Unvorstellbare Mengen von künstlich erzeugtem Geld suchen nach immer neuen Schuldnern. Lange Zeit waren das die Regierungen der reichen Länder, die ihre Staatsverschuldung in absurde Höhen trieben. Dann kamen Spekulanten dazu, die sich riesige Summen liehen, um damit riesige Preise für eigentlich wertlose Internetunternehmen zu zahlen. Währenddessen verschuldeten sich die amerikanischen Hauseigentümer, angelockt durch traumhafte Angebote ihrer Banken.

Das ungerechte Geld der Zukunft

Die nächste Katastrophe, die das herumvagabundierende Schuldengeld anrichtet, scheint die Verzerrung des Warenhandels zu werden. Die Preise für Weizen, Reis und viele andere lebenswichtige Güter steigen durch undurchsichtige Spekulationen so extrem, dass sich Millionen Menschen nicht einmal mehr das tägliche Brot leisten können.

Irgendwann stürzte jedes dieser finanziellen Kartenhäuser zusammen (oder wird noch zusammenstürzen). Doch, und das ist ein weiterer himmelschreiend ungerechter Wesenszug des Geldes: Nur selten traf ein Zusammenbruch die wahren Schuldigen. Der jüngste Coup waren komplizierte Finanzkonstruktio-

nen der amerikanischen Banken, mit denen es ihnen gelang, ihre Schulden zu verkaufen. Viele europäische Banken und damit Millionen europäischer Sparer zahlen gegenwärtig die Schulden der pleitegegangenen US-Hausbesitzer und werden das noch eine lange, lange Zeit weiter tun müssen.

Ich zähle das alles auf, um zu zeigen: Jesus hat recht. Mammon ist immer ungerecht. Niemand hat für dieses immer bedrängender werdende Problem eine Lösung. Weder Luxussteuern, Umverteilungsaktionen noch Sozialabgaben können Geld in eine gerechte Angelegenheit verwandeln. In all der Hoff-

JesusLuxus-Anregung: Betrachten Sie einen Geldschein

Holen Sie sich den größten Geldschein, den Sie im Haus haben: 100 oder 200 Euro, einen echten, aktuell gültigen Schein. Betrachten Sie ihn, nehmen Sie ihn in die Hand, falten Sie ihn, streichen Sie ihn glatt – was geht da in Ihnen vor? Stellen Sie sich vor, was Sie alles Gutes mit dem Betrag machen können. Oder was für einen Spaß Sie sich damit leisten könnten. Dass vielleicht schon einmal jemand wegen einer solchen Summe umgebracht wurde. Oder sich jemand unmäßig freute, als er diesen Betrag zum ersten Mal durch seine Arbeit verdient hat. Wie sind Sie zu diesem Geldschein gekommen? Welchen Wert hat dieser Schein für einen Milliardär? Und welchen für den Bewohner eines ganz armen Landes?

Welche Gefühle haben Sie beim Anfassen von Geld? Finden Sie es schmutzig? Empfinden Sie eine Art Ehrfurcht? Haben Sie Angst, es zu verlieren? Oder dass es Ihnen jemand stiehlt? Spielen Sie mit dem Geldschein herum: Werfen Sie ihn auf den Boden, treten Sie drauf, bauen Sie einen Papierflieger draus. Verlieren Sie alle Achtung. Stellen Sie sich vor, es käme eine Inflation und der Schein wäre von heute auf morgen wertlos. Was hätte dann noch Wert? Könnten Sie sich vorstellen, so zu leben, dass dieser Geldschein für Sie völlig bedeutungslos wäre? Wäre das nicht ein wunderbarer JesusLuxus, dieses Geld einfach leichtzunehmen? Es innerlich loszulassen?

nungslosigkeit um die Zukunft unserer Geldsysteme aber ragt das Jesuswort wie ein Fels in der Brandung:

Macht euch Freunde mit dem ungerechten Mammon.

Für mich heißt das: Seht nicht auf das Geld, auf Zinsen, Renditen, Börsenkurse, Golddeckung, Immobilienblase, Collateralized Debth Obligations, Hedgefonds und wie das alles heißt, sondern auf die Menschen, denen ihr damit Gutes tun könnt. Das ist der eindrucksvolle Luxus Jesu in Sachen Geld. Zusammen mit seiner Einladung, sich nicht um den morgigen Tag zu sorgen, entsteht eine herrliche Freiheit gegenüber dem Materiellen, eine grandiose Gelassenheit gegenüber allen Geldgedanken.

Der Luxus, Kapital zu investieren: Jesus und die anvertrauten Talente

Theo war einmal Beamter. Aber das wurde ihm zu langweilig. Er lässt die sichere Beamtenlaufbahn sausen, wird Barkeeper in einem Restaurant. Viele Prominente sitzen bei ihm am Tresen. Er kann hervorragend mit ihnen umgehen, er sprüht vor Witz und Charme. Dieser Job ist schlechter bezahlt als der im Amt, aber es fließen Trinkgelder. Theo lebt alleine, hat viele Freunde und lässt es sich gut gehen. Er findet, dass er in Wohlstand und Luxus lebt. Auf seinem Sparkonto ist kein einziger Cent. Er lebt ganz für den heutigen Tag. Theo hat mir imponiert, als ich ihn das erste Mal getroffen habe. Ein humorvoller Lebenskünstler mit einer ansteckenden Fröhlichkeit.

Dann wird Theo entlassen. Weil er Gäste belästigt hat und es Beschwerden gab, sagt sein Chef. Weil er

zu teuer ist, sagt Theo. Jüngere machen seinen Job für weniger Geld. Wie auch immer, Theo wird fristlos gekündigt. Bis die ersten staatlichen Unterstützungen fließen, vergeht Zeit. Wegen eines Behördenversehens dauert es noch einmal länger. Theo hat nicht einmal Geld fürs Essen.

Der Bericht in der Zeitung über sein Schicksal ist erschütternd. Ich bin auch erschüttert, aber aus einem anderen Grund. Dass dieser Lebenskünstler so wenig vom Leben versteht! Wie leicht hätte Theo sein Schlamassel vermeiden können! Als er den sicheren Beruf aufgab, hätte er vorsorgen sollen. Das wäre, denke ich mir, ein wichtiger Teil seines luxuriösen Lebens gewesen.

Luxus mit Weitblick

Wer mehr hat, als er im Moment braucht, kann etwas zurücklegen. Solche Rücklagen werden nicht für das Lebensnotwendigste benötigt, sind daher also selbst Luxus. Aus ihnen entstehen Kultur, Wohlstand - und Luxus. Wohlstand erschafft Wohlstand, Luxus erschafft Luxus. Mit dem Zurückgelegten kann man in die Zukunft investieren. So etwas gerät häufig aus dem Blick, wenn Einzelschicksale wie unter der Lupe durch einen Fernsehbericht oder einen Zeitungsartikel vergrößert werden.

Es ist ein Grundgesetz des Lebens: Wohlstand und Luxus brauchen Vorbereitung. Am Ende des Matthäusevangeliums stehen die sogenannten endzeitlichen Reden Jesu. Vor seiner Gefangennahme, Verurteilung und Hinrichtung spricht er in großen Gleichnissen über die großen Themen: vom Ende des Jerusalemer Tempels, der Verwüstung der Stadt, vom Warten auf das Ende der Zeit, vom Weltgericht. Dabei ist auch das Gleichnis von den anvertrauten Geldern. Dort geht es um Investitionen und Zukunft. Eine in mehrfacher Hinsicht bemerkenswert moderne Geschichte:

Denn es ist wie mit einem Menschen, der außer Landes ging: Er rief seine Knechte und vertraute ihnen sein Vermögen an. Dem einen gab er fünf Talente Silber, dem andern zwei, dem dritten einen, jedem nach seiner Tüchtigkeit, und er zog fort. Sogleich ging der hin, der fünf Talente empfangen hatte, und handelte mit ihnen und gewann weitere fünf dazu. Ebenso gewann der, der zwei Talente bekommen hatte, zwei weitere dazu. Der aber ein Talent empfangen hatte, ging hin, grub ein Loch in die Erde und verbarg dort das Geld seines Herrn.
Nach langer Zeit kam der Herr dieser Knechte und forderte Rechenschaft von ihnen. Da trat der herzu, der fünf Talente empfangen hatte, legte weitere fünf dazu und sprach: »Herr, du hast mir fünf Talente anvertraut. Sieh nur, ich habe damit weitere fünf Talente dazugewonnen.« Da sprach sein Herr zu ihm: »Recht so, du tüchtiger und

treuer Knecht, du bist über wenigem treu gewesen. Ich will dich über viel setzen. Geh hinein zur Freude deines Herrn!«
Da trat auch der herzu, der zwei Talente empfangen und weitere zwei Talente dazugewonnen hatte. Auch zu ihm sprach sein Herr: »Recht so, ich will dich über viel setzen. Geh hinein zur Freude deines Herrn!« Da trat auch der herzu, der ein Talent empfangen hatte, und sprach: »Herr, ich wusste, dass du ein harter Mann bist. Du erntest, wo du nicht gesät hast, und sammelst ein, wo du nicht ausgestreut hast. Ich fürchtete mich, ging hin und verbarg dein Talent in der Erde. Sieh nur, da hast du zurück, was dir gehört.« Der Herr aber sprach zu ihm: »Du böser und fauler Knecht! Wusstest du wirklich, dass ich ernte, wo ich nicht gesät habe, und einsammle, wo ich nicht ausgestreut habe?
Dann hättest du mein Geld zu den Wechslern bringen sollen, und wenn ich gekommen wäre, hätte ich das, was mir gehört, mit Zinsen wieder bekommen. Nehmt ihm das Talent ab, und gebt es dem, der zehn hat.

Denn wer hat, dem wird gegeben werden, und er wird die Fülle haben. Wer aber nicht hat, dem wird auch das genommen werden, was er hat. Den unnützen Knecht werft in die Finsternis hinaus, da wird sein Heulen und Zähneklappern.
Matthäus 25,14–30

Ein Talent war damals eine große Menge Silber. Unsere moderne Bezeichnung »Talent« für herausragende menschliche Eigenschaften leitet sich ab von der griechischen Währungsbezeichnung in dieser biblischen Geschichte. In der aktuellen Lutherübersetzung wird die Währung als »Zentner« bezeichnet, in der alten Version hießen sie »Pfunde« – woraus die Redensart »mit seinen Pfunden wuchern« entstand.

Die Doppelbedeutung des Begriffs »Talent« könnte einem den Blick verstellen: als ob es in dieser Geschichte nur darum ginge, aus seinen Begabungen möglichst viel zu machen. Jesus jedoch verwendet als Metapher für seine aufwendige Gleichnisgeschichte alltägliches, fassbares Geld. Und die Moral von der Geschichte klingt erstaunlich modern und kapitalistisch: Vermehre dein Kapital.

Natürlich erzählt Jesus das im Blick auf das nahende Weltende. Die Essenz mag lauten: Nutzt die

Zeit bis zur großen Abrechnung, so gut ihr könnt. Allerdings vermute ich, dass Jesus dieses Gleichnis durchaus ganz konkret im volkswirtschaftlichen Sinne versteht. Es ist sein kleines Manifest zum Wirtschaften der Menschen. Sein »Kapital« sozusagen, lange vor Karl Marx. Das Gleichnis von den anvertrauten Talenten ist eine Lektion über Wohlstand und Luxus. Was heißt das?

Woher kommt Wohlstand?

Die Begriffe »Luxus« und »Wohlstand« erwecken den Eindruck, als gehe es dabei um etwas Unbewegliches, etwas Erworbenes, das uns zur Verfügung steht und das es nun möglichst gerecht zu verteilen gilt. Vielleicht sind wir alle mit großer Blindheit geschlagen in der aktuellen Diskussion um Steuergerechtigkeit, um die gerechte Höhe staatlicher Versorgungsleistungen (»Hartz IV«) und um die wachsende Kluft zwischen Arm und Reich: Es wird so getan, als wären Wohlstand und Luxus ein riesiger Kuchen, von dem jedem ein mehr oder weniger opulentes Stück zusteht. Doch das ist eine geradezu kindlich einseitige Sicht, die Jesus auf frappierende Weise überwindet. Er sieht das Thema nicht statisch, sondern dynamisch. Er spricht von der mindestens ebenso wichtigen anderen Seite des Prozesses, nämlich darüber, wo der Kuchen herkommt, wer ihn bäckt, wer die Zutaten produziert und wie Wohlstand entsteht.

Investieren ist überlebenswichtig

Ein Silbertalent entsprach ungefähr den Kosten für ein mittelgroßes Schiff. Wer ein Schiff hat, kann viel effizienter als ein Angler große Mengen Fische fangen.

Dann würde das Gleichnis Jesu ein wenig anders lauten: Ein Unternehmer überlässt seinen Verwaltern Schiffe. Zwei von ihnen stellen tüchtige Besatzungsmitglieder ein, lassen die Schiffe zum Fang auslaufen und organisieren die Vermarktung der Fische. Der dritte aber scheut die Arbeit und das Risiko und lässt das Schiff im Hafen liegen.

So wird klar, dass es Jesus nicht um moderne spekulative Geldanlagen geht, sondern um einen elementaren Bestandteil menschlicher Arbeit, den klugen Einsatz von Investitionsgütern. Damit wird deutlich, dass Jesus den dritten Knecht mit vollem Recht als böse und faul bezeichnet. Faul, weil er die erforderliche organisatorische und denkerische Arbeit nicht aufgebracht hat, aus dem ihm anvertrauten Produktionsmittel etwas zu machen. Und böse, weil er seinem Chef Böses unterstellt. Der dritte Knecht argumentiert erstaunlich modern, ganz im Sinne eines Kapitalismuskritikers: Das ist doch ungerecht, sagt er, wenn einer ernten will, ohne vorher zu säen.

Mit diesem Gleichnis will Jesus sagen: Setzt eure Arbeitskraft, euren Erfindungsreichtum und eure Produktionsmittel so klug ein, wie ihr nur könnt. Dann geht es allen besser. Wer untätig herumsitzt, weil er

JesusLuxus-Anregung: Zahlen Sie Steuern mit Stolz

In keinem anderen Land der Erde ist das Steuersystem so unbeliebt wie in Deutschland. Die Grundstimmung gegenüber dem Staat ist einfach schlecht, obwohl es durchaus Länder mit noch höheren Steuersätzen gibt. Es ist schwer, sich diesem negativen Sog zu entziehen. Versuchen Sie es trotzdem, denn zahlen müssen Sie sowieso. Warum sich dann noch zusätzlich die Laune verderben? Lernen Sie von den Skandi-

naviern: Dort sind die Besserverdienenden stolz darauf, dass sie einen so nennenswerten Beitrag für den Wohlstand der Allgemeinheit leisten.

Wenn Sie unzufrieden sind mit der Art, wie Bund, Länder und Gemeinden Ihr Geld einsetzen, dann werden Sie politisch tätig. Schreiben Sie, protestieren Sie, engagieren Sie sich. Das ist allemal wirksamer als der stille Protest auf Gartenzwerg-Niveau, die Überweisungen ans Finanzamt mit Wut im Bauch und vor sich hin grantelnd zu betrachten.

das System ablehnt, keine Kraft aufbringt oder sich für nutzlos hält, der schadet nicht nur sich, sondern auch der Allgemeinheit.

Roschers Gleichnis vom Fischervolk

Der Wiener Ökonom Wilhelm Roscher veranschaulicht, wie die Entstehung von materiellem Wohlstand in der Volkswirtschaftslehre zu erklären ist. Ein fik-

tives Fischervolk lebt in grauer Vorzeit, vollkommen mittellos und gerade eben am Übergang von der Tierhorde zur menschlichen Gemeinschaft. Ein einzelner Fischer konnte dort überleben, indem er den ganzen Tag im seichten Wasser mit bloßen Händen den sehr flinken Fischen nachstellte. Die Ausbeute war kümmerlich, aber gerade ausreichend. Das ging viele Generationen lang so, ohne jede Weiterentwicklung.

JesusLuxus-Anregung: Engagieren Sie sich ehrenamtlich

Arbeiten Sie ehrenamtlich in einer der vielen Einrichtungen für Bedürftige, die es auch in Ihrer Nähe sicher gibt: Sozialdienste, Nachbarschaftshilfe, Stiftungen für Bedürftige, Kirchengemeinden, Diakonie oder Caritas. Dadurch sind Sie über Hilfsmöglichkeiten informiert. Falls Sie später einmal selbst Hilfe brauchen, haben Sie gleich Ansprechpartner und fallen bei plötzlicher Not nicht in ein seelisches Loch. Denn dann sind gute Kontakte meist viel wichtiger als Geld.

Auch Jesus hat seine Talente der Allgemeinheit zur Verfügung gestellt: Seine einzigartige Verbundenheit mit Gott, seine glühende Liebe für das Reich Gottes, sein Erfülltsein vom Heiligen Geist hat er mit anderen geteilt. Er hat von seinem JesusLuxus immer abgegeben. Um ihn herum herrschte in geistlicher Hinsicht ein herrlicher Wohlstand, eine Schlemmerorgie der Liebe zu Gott und den Menschen.

Denn die Fangmethode war derart zeitraubend, dass keine Zeit blieb, sich über effizienteren Fischfang Gedanken zu machen.

Erst als einige Fischer sich so enorm ins Zeug legten, dass sie wenigstens ein paar Tage ohne Nahrungsbeschaffung auskamen, konnten sie sich an die Konstruktion einfacher Fanghilfsmittel machen: einen Speer, ein Netz, Reusen. Solche Mittel heißen in der Volkswirtschaftslehre »Güter zweiter Ordnung«. Das »Gut erster Ordnung« oder Konsumgut sind in diesem Beispiel die Fische.

Kultur, Wohlstand und Luxus entstehen aus dem fortdauernden Erfinden und Erschaffen solcher höherer Güter: Netze zum Fischfang; Messer zum Ernten der Pflanzenfasern, die sich zur Herstellung von Netzen eignen (Messer wären dann bereits Güter dritter Ordnung); Gestelle zum leichteren Knüpfen der Netze; Flöße, um an die Fische in tieferem Wasser zu gelangen usw. Immer mehr Fische können nun von immer weniger Fischern gefangen werden. Dadurch wird menschliche Arbeitskraft frei für spezialisierte Arbeiten: Die einen bauen immer bessere Boote, die anderen immer be-

quemere Behausungen, Betten, Spiele, Musikinstrumente, Altäre.

Die Geschichte der Menschheit ist ein Prozess fortwährender Innovation, Spezialisierung und Komplexität. Bereits in der Bronzezeit finden sich Güter sechster und siebter Ordnung. Auch in »primitiven« Kulturen gibt es eine Vielzahl von Fachleuten, die ihre Spezialkenntnisse an die Nachkommen weitergeben.

Roschers stark vereinfacht dargestelltes Fischervolk hält sicher keinen völkerkundlichen Forschungen stand. Aber es geht hier um die Grundidee von Wohlstand und Luxus, die erhöhte Anstrengung und ein sehr zielgerichtetes Handeln voraussetzt. Außerdem ein wenig Glück: Wie lange mag es wohl gedauert haben, bis das erste Fischernetz funktionierte? Und günstige Umstände: etwa eine so gute Fischsaison, dass endlich genug Zeit zum Erproben neuer Fangmethoden blieb.

Diese Güter höherer Ordnung werden auch Kapitalgüter genannt. Das ist eine ganz wesentliche Erkenntnis, dass Kapital eigentlich nichts mit Geld zu tun hat. Das zeigt schon der Name, der vom lateinischen »capita pecorum« kommt, zu deutsch »Köpfe Vieh«. Eine der frühesten Formen von Kapital waren die Viehherden der Nomaden. Durch eigene Haustiere konnten sie das Leben von der Hand in den Mund endlich hinter sich lassen, das ihre Vorväter als Jäger und Sammler geführt hatten. Das enorme Umdenken, das dazu nötig war, können wir heute kaum noch ermessen. Der

wilde Jäger, der ein Tier oft unter Lebensgefahr erlegt, verändert sich zu einem vergleichsweise langweiligen Hirten, der sein Tier erst lange pflegt und aufzieht, bevor er es eines Tages schlachtet.

Der Aufbau von Kapital, so betont Wilhelm Roscher und seine Kollegen immer wieder, widerstrebt menschlichen Instinkten. Es ist eine hohe Kulturleistung, die gegebenen Ressourcen an Zeit nicht zu verbummeln und die materiellen Ressourcen nicht genussvoll zu verprassen. Und das ist der springende Punkt beim Gleichnis Jesu von den anvertrauten Talenten.

Das Gleichnis von Fischer und Tourist

Ich kenne noch eine Geschichte über Fischer. Sie wird viel zitiert, vielleicht haben Sie sie auch schon mal gehört. Heinrich Böll hat sie 1963 fürs Radio geschrieben. Es geht darin um den Unsinn von modernem Wirtschaftsdenken. Hier in Kurzfassung:

Ein Fischer hat die Ausbeute seiner mühseligen Arbeit auf den Markt gebracht. Nun sitzt er am Strand und blickt aufs Meer. Ein Tourist fragt ihn: »Wieso sind Sie nicht draußen auf dem Meer?« Der Fischer sagt: »Ich hab genug gefangen und ruhe mich aus.« Der Tourist rät ihm: »Erhöhen Sie Ihre Fangquote. Dann können Sie sich einen Kutter leisten und einen zweiten Mann. Wenn Sie täglich zweimal auf Fang gehen, könnten Sie das Vierfache verdienen! Bald hätten Sie Angestellte, ein Fischrestaurant oder gar eine Konservenfabrik!«

»Und dann?«, fragt der Fischer. »Dann brauchen Sie gar nichts mehr zu tun. Sie können den ganzen Tag hier sitzen und glücklich aufs Meer blicken!« »Aber das tue ich ja schon jetzt«, sagt der Fischer.

Die Geschichte legt den Finger in eine Wunde, über die auch gesprochen werden muss, und das ist die menschliche Gier. Die Sucht nach immer mehr, ohne Rücksicht auf die Folgen, die Auswirkungen auf die Seelen der Menschen, die Natur, das Klima. Wohlstand, der unseren Planeten vernichtet, ist kein Wohlstand, sondern eine Illusion. Es gibt viele komplizierte Probleme zu lösen, die durch den beschriebenen Erfindergeist der Menschen entstanden sind. Aber das spricht nicht gegen diesen Erfindergeist. Dadurch konnten bereits viele ausweglos erscheinende Situationen gemeistert werden. Der Seufzer »Ach hätten wir doch damals nicht ...« ist verständlich, aber er bringt niemals weiter. Die Lösung liegt immer vor uns. Nie hinter uns.

Das Problem dieser auf den ersten Blick hübschen Geschichte ist, dass sie den größeren volkswirtschaftlichen Rahmen nicht berücksichtigt. Ganz ähnlich wie beim Zeitungsbericht über das Einzelschicksal des Barkeepers Theo. Denn wenn der Fischer tatsächlich viermal so viele Fische fängt und vermarktet, entlastet er dadurch drei andere Fischer, die sich nun anderen Aufgaben zuwenden können. Heute würden viele von uns spontan antworten: Dadurch werden drei Fischer-Arbeitsplätze vernichtet. Richtig, aber aus einer größeren Perspektive gesehen stehen diese drei ehemaligen Fischer nun für Aufgaben höherer Ordnung zur Verfügung. Sie können sich weiterbilden, Wissenschaftler oder Künstler werden, Polizisten oder Architekten.

Die rührselige Geschichte vom einfachen Fischer und dem kapitalistischen Touristen erzählt von einer Gesellschaft, in der jeder Fischer nur so viel fängt, wie er (und seine Familie) unmittelbar braucht, und dann in der Sonne sitzt. So eine Gesellschaft ist vielleicht beschaulich, wird es aber nie zu größerem Wohlstand bringen. Sie wird keine Mittel für ein Gesundheitssystem aufbringen, für bequeme Wasser- und Ener-

gieversorgung, für Bildung und Katastrophenschutz, für Kunst und Spiritualität – und all den Luxus, von dem bisher in diesem Buch die Rede war.

Nein. Unsere Gesellschaft ist nicht so wie der einfache Fischer, sondern viel eher so wie der Verwalter im Gleichnis Jesu von den anvertrauten Talenten. Das Leben drängt nach vorne, es vergräbt sich nicht ins Zurück.

Warum der Wunsch nach Wohlstand wichtig ist

Arbeit schafft auf Dauer ein angenehmeres Leben für alle. Ich bin überzeugt: Der Schlüssel zum Wiedererkennen dieser schlichten volkswirtschaftlichen Grundweisheit liegt darin, die Begriffe Reichtum, Wohlstand und auch Luxus positiv zu füllen. Die Grundenergie jeder prosperierenden Gesellschaft besteht darin, dass ihre Mitglieder mit innerer Überzeugung sagen: Ja, ich will reich werden. Ich will, dass ich und meine Familie im Wohlstand leben. Ich will so leben, dass ich mir Luxus gönnen kann.

Die wirtschaftliche Energie einer Gesellschaft und auch jedes Einzelnen dreht sich zum Negativen um, sobald eine größere Zahl von Menschen sagt: Ich will, dass mein Nachbar nicht so reich ist. Ich will nicht, dass andere mehr Wohlstand haben als ich. Ich bin dafür auch bereit, auf Luxus zu verzichten. Nicht Neid, sondern Sehnsucht treibt uns an. Die Sehnsucht nach dem, was das nur Lebensnotwendige übersteigt.

Wir haben uns an die Wohlstandsgesellschaft gewöhnt. Eine Gesellschaft, in der es genug Reiche gibt, die etwas abgeben können, um den Armen zu helfen. Das wird in der aktuellen Debatte gern übersehen: dass bereits seit Jahrzehnten ein gewaltiger Transfer von oben nach unten stattfindet. Die reichsten 10 Prozent der Bundesbürger zahlen über die Hälfte der gesamten Einkommenssteuer. Ohne all die sogenannten Transferleistungen gäbe es in unserem Land doppelt so viele Menschen mit Armutsrisiko. »Deutschland gehört zu den Staaten, in denen die Ungleichheit der Einkommen am stärksten durch Steuern und Sozialleistungen reduziert wird.« So heißt es im Armutsbericht der Bundesregierung von 2008.

Die Grenzen des Wachstums

Jesus lebte in einer Zeit, in der die Weltbevölkerung und das Welt-Bruttoinlandsprodukt bereits wuchsen – allerdings extrem langsam. 0,01 Prozent, ein Zehntel Promille, betrug das weltweite Wirtschaftswachstum in den Jahren 0 bis 1000. Im darauffolgenden Jahrtausend wuchs es stetig auf über 0,2 Prozent. Erst ab 1820, mit dem Beginn der industriellen Revolution, verzehnfachte sich das Tempo auf 2 Prozent. Seit den 1990er-Jahren zog das Entwicklungstempo in China, Indien und anderen Riesenstaaten derart an, dass sich das weltweite Wirtschaftswachstum auf unglaubliche 4,9 Prozent im Jahr 2008 erhöhte.

Das klingt beunruhigend, doch in etwa gleichem Maß wuchs auch die Weltbevölkerung. Das wirtschaftliche Wachstum war ein notwendiges Wachstum. Es kostete und kostet Mensch und Natur einen hohen Preis. Aber es hat dem überwiegenden Teil der Menschen höheren Wohlstand und Komfort gebracht.

Unbestritten: Es gibt gewaltige Unterschiede zwischen Arm und Reich. Auf der anderen Seite wird bereits viel gegen die Ungerechtigkeit getan. Die Frage jedoch bleibt:

Auf welcher Seite steht Jesus?

Jesus steht auf der Seite der Armen, der vom Schicksal Geschlagenen, aufseiten der Opfer unmenschlicher Systeme. Aber er ist nicht aufseiten derer, die ihr

Talent vergraben. »Du fauler und böser Knecht!« So lässt es Jesus denen in seinem Gleichnis ausrichten. Und er spricht damit eine Wahrheit aus, die in unserer Gesellschaft unpopulär geworden ist.

Die Unterscheidung ist schwierig: Wer in unserer Gesellschaft ist wirklich unfähig, sein eigenes Einkommen zu erwirtschaften? Und wer lässt sich einfach nur fallen, obwohl er tätig werden könnte?

Wir Christen machen es uns mit dieser schwierigen Unterscheidung oft einfach und sagen: Im Zweifel sind alle Opfer. Wer klagt, wer die Hände ausstreckt und um etwas bittet, sollte etwas erhalten. Wir sehen milde auf die Schwäche und Bedürftigkeit, die in vielen Menschen steckt. Ja, eigentlich in allen Menschen.

Doch diese Sicht führt am Ende dazu, dass wir auch in uns selbst nur noch die Schwäche und die Bedürftigkeit sehen. Wie der dritte Knecht vergraben wir traurig unser wertvolles Kapital, das uns von Gott zur Verfügung gestellt wurde.

Aus dieser Depression reißt uns Jesus heraus. Mit einer großen Szene: Am Ende wird einer kommen und uns fragen: Was hast du aus deinem Talent gemacht? Was hast du aus deinen persönlichen Gaben gemacht, aus deinem Geist, aus deinem Körper? Was hast du aus den materiellen Möglichkeiten gemacht, die ich dir in diesem reichen Land zur Verfügung gestellt habe? Am Ende unseres Lebens, am Ende dieser Gesellschaft, am Ende dieses Planeten wird Gott uns zur Rechenschaft ziehen: Was habt ihr daraus gemacht? Und wenn wir sagen: Wir haben nichts gemacht, wir haben alles so gelassen, wie es war, wir haben unseren Geist eingegraben und sind so ursprünglich geblieben wie möglich – dann wird Gott sagen: Ihr faulen und bösen Menschen. Ihr habt die wunderbaren Gaben, die ich euch zur Verfügung gestellt habe, nicht genutzt.

Das Geschenk nutzen

Wer das Geschenk nicht erkennt, das ihm vom Schöpfer zur Verfügung gestellt wurde, hat Strafe verdient. Eine sehr harte Sicht, die sicher nicht taugt als Grundlage für Sozialgesetze. Aber doch als Richtschnur für einen kirchlichen, christlichen oder einfach menschlichen Umgang mit den Armen und den Menschen am Rande der Gesellschaft. Man kann Verständnis haben für die Schwachheit solcher Menschen und ihnen mit Almosen helfen. Menschlicher ist es, mit sehr viel Liebe hinter all den Schwächen ihre Stärken zu erkennen und diese Stärken herauszufordern.

Die französische Ökonomin Maria Nowak gründete 1989 die *Vereinigung für das Recht auf wirt-*

JesusLuxus-Anregung: Helfen Sie einem konkreten Menschen

Spenden Sie nicht nur an Hilfsorganisationen, sondern geben Sie, wenn es Ihnen finanziell möglich ist, auch einen Teil Ihres Spendenetats an einen bedürftigen Menschen, den Sie persönlich kennen. Sagen Sie es ihm auch so: Ich gebe Ihnen etwas von dem, was ich sonst an die Unesco, das SOS-Kinderdorf oder an Brot für die Welt überweisen würde. Mit einer einmaligen Spende, einer Art Startkapital, können Sie einem Menschen vielleicht sogar zurückhelfen in ein selbstbestimmtes Arbeitsleben. Regelmäßige Zahlungen sind problematisch, denn häufig gewöhnt sich der Bedürftige daran und ist noch weniger motiviert, wieder auf eigene Füße zu kommen. Optimal wäre es, wenn Sie diesem Menschen nicht nur mit Geld, sondern auch mit Ihrer Ermutigung und konkreten Kontakten helfen.

Christen sollten durchaus auf der Seite der Schwachen und Bedürftigen stehen. Aber sie dann an der Hand nehmen und ihnen die Gaben zeigen, die auch im Schwächsten stecken. Das ist die kluge Barmherzigkeit Jesu, die er auch bei uns sehen möchte: den Schwachen Stärke zutrauen, den Mutlosen Mut, den vermeintlich Untalentierten Talent.

schaftliche Initiative, ADIE. Ähnlich wie die Grameen Bank des Nobelpreisträgers Mohammed Yunus vergibt ADIE Kleinkredite an Menschen, die sich eine geschäftliche Existenzgrundlage aufbauen wollen, aber für normale Banken »kreditunwürdig« sind. Sie musste allerdings am Anfang die Erfahrung machen, dass in Europa etliche Leute einfach das Geld nahmen, um dann zu verschwinden. Seitdem prüft sie sehr genau, ob die Bewerber den Willen, das Durchhaltevermögen und das Geschick haben, um ein eigenes Geschäft aufzubauen. Maria Nowak erkannte, dass ihre wesentliche Gabe darin besteht, in armen Menschen Talente zu sehen, die andere dort nicht sehen konnten oder wollten. Doch sie erkannte auch, dass ihre Klienten ihre eigenen Fähigkeiten erkennen müssen. So wurde sie von einer »nur barmherzigen« zu einer klug wirtschaftenden Frau, von einer Almosengeberin zu einer intelligenten Geldverleiherin.

Das wäre doch eine enorm clevere Art von finanziellem Luxus: Geld nicht nur wegzugeben, zu spenden oder zu verschenken, sondern es so klug weiterzuverleihen, dass es nicht nur einmal Not lindert, sondern auf Dauer vielfachen Segen bringt.

JesusLuxus-Anregung: Geben Sie einen Mikrokredit

Es gibt Hilfsorganisationen, die schon länger mit Kleinkrediten helfen anstatt mit Almosen. Eine der größten ist *Opportunity International.* Der deutsche Ableger ist zu erreichen über www.oid.org. Auch bei Welthungerhilfe, Kindernothilfe und den großen kirchlichen Hilfswerken können Sie gezielt Kleinkredite unterstützen.
Oder Sie geben einem hilfsbedürftigen Menschen in Ihrem Bekanntenkreis eine finanzielle Starthilfe. Wichtigste Regel:

Formulieren Sie gemeinsam eine schriftliche Vereinbarung, wann und wie der Kredit zurückzuzahlen ist. Und tun Sie sich mit anderen zusammen. Das schützt Sie davor, dass Ihre Freundschaft durch die Geldangelegenheiten belastet wird.

Der Luxus der zweiten Wirklichkeit: Jesus auf dem Berg der Verklärung

Es ist lebensnotwendig, in der Wirklichkeit zu leben und nicht in einer Traumwelt. Inzwischen erkennen Sie sicher den Luxus, der sich in diesem Satz versteckt: Zum herrlichen Luxus des Lebens gehört es, für kurze Zeit vom Boden der Realität ein wenig abzuheben. Auch Jesus kannte den Luxus, Kontakt aufzunehmen mit den anderen Wirklichkeiten. Der Berg Tabor, eine kahle, steile Erhebung am See Genezareth, weit weg von jeder menschlichen Siedlung, ist der Überlieferung nach der Ort, auf dem Jesus solch ein Erlebnis hatte. Er begegnete dort den beiden berühmtesten Prominenten der jüdischen Geschichte. Jesus war hier mit seinen engsten Vertrauten: Petrus, Johannes und dessen Bruder Jakobus.

> *Und es ging mit Jesus eine Verwandlung vor sich: Sein Gesicht leuchtete wie die Sonne, und seine Kleider strahlten weiß. Auf einmal sahen sie Mose und Elia bei Jesus stehen und mit ihm reden.*
> Matthäus 17,2–3

Im lateinischen Wort »Luxus« steckt das Wort »lux«, »Licht«. Luxus ist die Aufhellung im Grau des Alltags. Etwas, das einen strahlen lässt. So gesehen, ist diese sogenannte Verklärung Jesu wahrhaftig ein Lu-

xus-Erlebnis. Eine religiöse »peak experience«, eine Gipfelerfahrung im wörtlichen Sinn: Auge in Auge mit Mose und Elia, den Vertretern von »Gesetz und Propheten«. Ein Erlebnis, das man nicht haben muss. Aber wenn es einem zuteil wird, ist es etwas ganz Besonderes.

Da sagte Petrus: »Wie gut, dass wir hier sind, Herr! Wenn du willst, schlage ich hier drei Zelte auf – eins für dich, eins für Mose, eins für Elia.«
Matthäus 17,4

Ich habe in Erinnerung, dass Jesus diese verrückte Idee ablehnt. Dass er Petrus dafür kritisiert, weil er aus dem einmaligen Erlebnis eine Dauereinrichtung machen will. Aber so geht es einem mit biblischen Geschichten: Meine Erinnerung ist nicht richtig. Jesus sagt gar nichts. Niemand wird getadelt. Das Ereignis spricht für sich.

Während Petrus noch redete, erschien eine leuchtende Wolke über ihnen, und eine Stimme aus der Wolke sagte: »Das ist mein Sohn, ihm gilt meine Liebe, ihn habe ich auserwählt. Auf ihn sollt ihr hören.« Als die Jünger das hörten, warfen sie sich voller Angst zu Boden. Aber Jesus trat zu ihnen, berührte sie und sprach: »Steht auf, habt keine Angst.« Als sie aufstanden, sahen sie nur noch Jesus allein. Während sie den Berg hinunterstiegen, befahl ihnen Jesus: »Sprecht zu niemand über das, was ihr gesehen habt, bis der Menschensohn vom Tod auferweckt ist.«

Matthäus 17,5–9

Luxus ist Kontrast

Luxus lebt davon, dass nicht alles Luxus ist. Wenn es immer und überall Champagner gibt, wenn jede Mahlzeit Lachs und Kaviar enthält, jedes Bett mit Seide bezogen, jede Stunde eine pure Mußestunde, jede menschliche Begegnung vollkommenes Glück ist, dann gibt es keinen Luxus mehr. Luxus, dieses wunderbar prickelnde Gegenteil von Notwendigkeit, ist in eigentümlicher Weise verbunden mit Beschränkung und Askese.

Das ist die luxuriöse Seite im Leben Jesu: dass er sich diesen Aufstieg auf den Berg leistet, aber nur ein einziges Mal. Dass er ein paar seiner Freunde daran teilhaben lässt, aber nicht alle.

Die kleine Erzählung über das Ereignis auf dem Berg der Verklärung will vor allem eines aussagen: Wir leben nicht nur hier in dieser Wirklichkeit. Jeder von uns kennt daneben noch andere Welten im Reich der Träume, der Fantasie, der Entrückung. Diese andere Welt ist nicht so wirklich wie die erste, aber sie ist doch erlebbar, mit allem Drum und Dran. Und oft

ist einem diese zweite Wirklichkeit sogar näher als die erste, viel anziehender ist sie, viel verlockender und deshalb auch tröstlich.

Diese zweite Wirklichkeit hat viel zu tun mit Glaube, Gott und Religion, denn dort begegnet einem Gott häufiger und unmittelbarer als im »normalen« Leben. Es gibt viele verschiedene Arten von solchen zweiten Wirklichkeiten, deshalb haben wir dafür auch gar keinen Namen. Als Lese- und Denkhilfe nenne ich diese zweiten, anderen Wirklichkeiten jetzt einfach Anderland.

Die andere Welt unserer Kindheit

Das erste Anderland ist unsere Kinderzeit, das Ur-Anderland. In diesem Reich am Anfang unserer Lebenszeit verschwimmen Wirklichkeit und Träume. Das macht es so kostbar und zart. Hier wohnen Elfen und Zwerge, sprechende Tiere und unendliche Wälder, aber auch Weihnachtsmann und Osterhase, Trolle und Orks. Verglichen mit später erscheint dieses Leben unbeschwerter, alles ist geschenkter, nicht erarbeitet und geplant.

Das Anderland der Kindheit behält lebenslang seine Faszination. Es verschwimmt die Grenze zwischen dem, was da draußen, und dem, das in unserer Seele drin ist. Als Kinder konnten wir offenbar noch etwas, was wir als Erwachsene verlernt haben. Jesus hatte deshalb große Hochachtung vor Kindern. Wenn ihr nicht werdet wie sie, sagte er, werdet ihr nicht ins Himmelreich kommen. Es ist gut, wenn man sich als Erwachsener etwas von seinem kindlichen Anderland bewahrt.

Schriftsteller haben ihr Kindheitsland beschrieben und ihm Namen gegeben: Mittelerde nennt es Ronald Tolkien, beherrscht vom Herrn der Ringe. Fantasien heißt es in Michael Endes *Unendlicher Geschichte*, oder Nangijala in Astrid Lindgrens Roman über die Brüder Löwenherz. Neverland ist das Anderland, in dem Peter Pan wohnt. Künstler haben ihr Anderland in Bildern festgehalten oder verfilmt. Walt Disneys Welt wurde sogar begehbar gemacht – in mehreren Ländern gibt es ein Disneyland.

Doch auf Dauer kann man so nicht leben. Erwachsenwerden heißt, klar zu trennen, ohne jedoch dieses Anderland zu vernichten. Es darf bleiben, auch wenn wir dort nicht mehr wohnen dürfen.

Deswegen behalten Erwachsene häufig Souvenirs aus ihrer Kinderzeit. Es sind zu Materie verdichtete Träume: eine Puppe, ein Teddybär, die Modelleisenbahn, ein Halstuch. Es gibt auch eigenartige, geheimnisvolle Andenken an das erste Anderland. Gegenstände, für die Erwachsene sich schämen, die eine dunkle Faszination ausstrahlen und zugleich unendlich schön und tröstlich sind. Manche haben einen zusätzlichen erotischen Reiz von verwirrendem Zauber, sie erinnern an die Mutter oder bewahren ein mysteriöses Gedenken an längst vergessene Erlebnisse.

Es gibt Tausende von solchen Überbleibseln, mit

JesusLuxus-Anregung: Entdecken Sie die Lieblingsmusik Ihrer Kindheit wieder

Erinnern Sie sich an ein Musikstück, von dem Sie als Kind (bis Sie maximal 10 Jahre alt waren) total fasziniert waren und das Ihnen inzwischen ganz aus dem Sinn gekommen ist? Vielleicht ein Sound, der Ihnen damals revolutionär erschien? Eine Melodie, die Sie verzaubert hat? Gehen Sie auf die Suche, und besorgen Sie sich dieses Musikstück. Vielleicht empfinden Sie es heute als kitschig, schmalzig oder

völlig überkandidelt. Werfen Sie alle Urteile über Bord, die Sie sich inzwischen erarbeitet haben. Hören Sie es »wie damals«. Entdecken Sie einen der schönen Eingänge ins Anderland Ihrer Kindheit.

Was genau einen fasziniert, bleibt meist verborgen. Manche Menschen werden verzaubert durch Klänge aus längst vergangenen Epochen und bemerken erstaunt: Was dort geschieht, ist ihrem Herzen näher als das, was aktuell passiert. In solchen kleinen Fluchten nach Anderland üben Sie, über sich hinauszudenken. Sie entdecken verborgene Möglichkeiten in sich: verborgene Abgründe, vor denen wir uns hüten sollten. Aber auch verborgene Freuden, die Sie endlich befreien dürfen.

denen Anderland mitten in unseren normalen Alltag hineinragt. Ein ganz Wichtiges davon ist die Musik. Sie fasziniert und wirkt, weil sie vielleicht etwas anklingen lässt, was wir von früher kennen. Ich bin überzeugt, dass uns manche Musikstücke so faszinieren, weil sie an etwas Vergessenes erinnern. Man weiß, dass Kinder im Mutterleib schon Musik hören können, dass ihr Unterbewusstsein sich Melodien und musikalische Stimmungen merkt.

Anderland Paradies

Dass wir eines Tages aus dem Anderland der Kindheit ausziehen müssen, erleben wir häufig als Vertreibung, Vertreibung aus dem Paradies. So ist auch die Paradiesgeschichte am Beginn der Bibel ein Bericht über den Abschied aus Anderland. Ein Anderland, das größer ist als Ihr Leben und viel älter als Ihre Kindheit. In der biblischen Paradieserzählung scheint es, als wäre es die Schuld der Menschen, dass sie aus dem wunderbaren Reich der kindlich-paradiesischen Vollversorgung verjagt wurden. Aber in Wahrheit ist es keine Vertreibung, sondern eine unabdingbare Voraussetzung für das Leben. Wer in Neverland, Fantasien, Nangijala, Mittelerde oder Anderland bleibt, wird verrückt.

Die Paradiesgeschichte als »Sündenfall« zu bezeichnen, ist eine verhängnisvolle Fehlinterpretation. Das Paradies folgt auf den grandiosen Bericht von der Er-

JesusLuxus-Anregung: Entdecken Sie die Lieblingsmusik Ihrer Pubertät wieder

Die Musik, die Sie im Reich des Teenageralters hörten, prägt Sie Ihr ganzes Leben lang. Diese Musik wird Ihr Leben lang tröstende Kraft haben, auch wenn sich Ihr Geschmack weiterentwickelt. Halten Sie es genau so wie bei der Übung mit der Kindheitsmusik: nicht urteilen, einfach hören. Die Chance ist übrigens groß, dass Sie CDs oder Platten mit Ihrer Teenie-Musik noch besitzen. Die wenigsten können sich je davon trennen.

Bei mir ist es eine eigentümliche Mischung aus Klassik und Rhythmus, aus Barock und Beatles. Am dichtesten eingefangen ist dieser Mix in einem Stück von John Miles. Es heißt *Music*, stammt aus dem Jahr 1976 und ist selbst eine Hymne an die Macht der Musik. Der Text fasst perfekt zusammen, was ich hier über die enorme Kraft des Anderlandes der Jugend geschrieben habe:

Musik war meine erste Liebe, und sie wird meine letzte sein.
Musik aus der Zukunft und Musik für die Vergangenheit.
Ohne meine Musik wär's unmöglich für mich zu leben.
Durch diese Welt voller Mühen und Leiden zieht mich meine Musik.

schaffung der Welt. Am Anfang war nicht der Fehler und die Sünde, sondern Licht und Wasser, Luft und Leben, der Reichtum, das übergroße Geschenk. Die große Weisheit, die hier überliefert wird, ist nicht die Ursünde, sondern der Ursegen, der Urluxus. So steht auch am Beginn jedes Menschenlebens nicht die Trennung von der urmütterlichen großen Kraft des Lebens, sondern die paradiesische Vereinigung mit ihr. Träumen Sie sich mit gutem Gewissen zurück in das Anderland Ihrer Kindheit – wenn es ein gutes Anderland war. Und seien Sie gleichzeitig dankbar dafür, dass Sie dort nicht Ihr gesamtes Leben verbringen müssen.

Das Anderland der Kindheit war nicht beendet, als Sie in die Schule kamen oder volljährig wurden. Spätestens als Sie die Liebe entdeckten, waren Sie bereits mittendrin in einem nächsten Reich, in dem Traum und Realität verschmolzen.

Anderland Erotik

Das Anderland mit der in allen Zeiten allerhöchsten Anziehungskraft ist jener Ausnahmezustand, den zwei Menschen in der sexuellen Ekstase erleben. *11 Minuten* hat Paulo Coelho seine Erzählung genannt, die sich um dieses Thema dreht, und diese 11 Minuten bezeichnen ganz prosaisch die durchschnittliche Dauer dieses Ausnahmezustands. Wegen dieser 11 Minuten können Menschen wochenlang im siebten Himmel schweben oder die dunkelste seeli-

sche Verzweiflung durchleben. Wegen dieses Ausnahmezustands vernichten manche ihre Existenz, stürzen ihre Familie ins Unglück, setzen ihren Besitz und ihre Gesundheit aufs Spiel. Dieses Anderland, das wir inzwischen sehr griffig mit dem Drei-Buchstaben-Wort Sex bezeichnen, ist zugleich die Quelle größten Glücks und befähigt Menschen zu den unglaublichsten Anstrengungen.

Sieben Jahre arbeitete Jakob, nur damit er endlich die schöne Rahel heiraten durfte. Diese sieben Jahre, so heißt es in der herrlichen Geschichte im 1. Buch Mose, kamen ihm vor wie ein Tag. Ja, sogar als er von seinem Schwiegervater betrogen wurde und eine andere Frau untergeschoben bekam, arbeitete er noch einmal so lange.

Ein anderes Denkmal des erotischen Anderlands in der Bibel ist das *Hohelied Salomos*. Zauberhafte Liebeslyrik, ein Dialog eines jungen Mannes und einer jungen Frau, einfach so, ohne irgendwelche frommen symbolischen Absichten. Eine Hymne an Zärtlichkeit und Sehnsucht und Ausflippen. Ich finde es herzerfrischend, dass so etwas mitten in der Bibel steht. Als biblisches Centerfold sozusagen, als Luxus-Zugabe und als romantisches Plädoyer, dass wir Gott alles verdanken, ohne Tabus.

Das Anderland des erotischen Enthusiasmus ist so gewaltig, weil es das Geheimnis des Lebens enthält. Ein neuer Mensch wird dabei gezeugt, zumindest vielleicht. Dieser Möglichkeit entspringt eine enorme Kraft, und das seit Millionen von Jahren. Menschen haben immer versucht, unerwünschte Schwangerschaften zu verhüten, aber erst seit noch nicht einmal einem halben Jahrhundert können wir das medizinisch wirklich möglich machen, mit der Pille oder anderen, fast völlig sicheren Methoden. Eine revolutionäre Befreiung, die man nie wieder rückgängig machen kann, schon gar nicht durch religiöse Moralgesetze. Doch zugleich zahlen wir einen Preis dafür, der sich nur schwer berechnen, aber irgendwie erahnen lässt. Die Freuden der Erotik wurden abgetrennt von der Hingabe an einen anderen Menschen, eine Hingabe, die das bisherige Leben verändern und neues Leben schaffen kann. Das Anderland der erotischen Liebe ist berechenbarer geworden, damit aber auch harmloser – und keineswegs einfacher.

Das Anderland der Gottesbegegnung

Um das Anderland der Mystik, der Verzückung und Verklärung zu betrachten, sehen wir noch einmal auf das Erlebnis Jesu mit Mose und Elia auf dem Berg.

Die mystische Begegnung Jesu mit dem Licht der göttlichen Zeitlosigkeit ist mehr als nur ein inneres Erlebnis. Es betrifft nicht nur Jesus, sondern auch

JesusLuxus-Anregung: Lesen Sie das Hohelied

Diese Anregung ist echt einfach. Aber, bitte, tun Sie's wirklich. Sagen Sie nicht: Kenne ich schon. Oder: Ich finde meine Bibel nicht. Das *Hohelied Salomos* ist ein Wunderelixier. Es

weckt in Ihnen die Sehnsucht nach romantischer körperlicher Liebe, ohne Sie zu entmutigen, falls Sie zurzeit alleine leben. Ich kenne keinen anderen Text, der so sehr den einfachen Luxus des Verliebtseins auf den Punkt bringt. Klappen Sie dieses JesusLuxus-Buch jetzt zu, suchen Sie sich eine Bibel (komplette Ausgabe mit Altem Testament) und lesen Sie dort das *Hohelied Salomos*, alle acht Kapitel. Das dauert vielleicht 15 bis 30 Minuten. Danach kommen Sie wieder hierher zurück.

seine Freunde können es miterleben. Das Anderland Gottes ereignet sich mitten in dieser Welt, ohne mit dieser Welt zu verschmelzen. Sie sehen Jesus im verklärten Zustand und erleben dabei einen ganz neuen

Aspekt ihres Meisters. Jesus ist auch der Herr dieser anderen Welt.

Verzaubert und fasziniert spricht Petrus den tiefsten Wunsch jedes Menschen aus, der Anderland betritt, das der Kindheit und das der sexuellen Ekstase, das der Musik oder welches Anderland auch immer. Der Wunsch lautet: Das hier soll nie zu Ende gehn! Petrus spricht uns aus dem Herzen, wenn er zum Augenblick spricht: »Verweile doch, du bist so schön!«

Ein fester Wohnsitz in Anderland! Jesus braucht das nicht einmal abzulehnen. Die Antwort gibt Gott. Eine Stimme aus der Wolke spricht: »Das ist mein lieber Sohn. Den sollt ihr hören.«

Und dieser liebe Sohn Jesus sagt: »Steht auf, und fürchtet euch nicht.« Habt keine Angst vor Anderland! Aber schlagt dort keine Wurzeln. Steht auf, geht zurück ins Leben. Wer heruntergeht vom Berg der mystischen Verklärung, hat Anteil an der großen Kraft des Ewigen. Aber er soll sie nicht nutzen, um damit anzugeben. Niemandem davon erzählen! Das ist der fundamentale Unterschied zwischen Jesus und irgendwelchen Gurus, die ihre Gotteserlebnisse werbewirksam verbreiten lassen.

Jesus nutzt seine im Anderland der Mystik gewonnene Kraft ganz anders. Direkt nach dem Erlebnis auf dem Berg kommt ein Mann auf Jesus zu, fällt ihm

JesusLuxus-Anregung: Entwerfen Sie Ihren Grabstein

Nicht erschrecken: Jetzt wäre ein guter Moment, dass Sie sich mit Ihrer eigenen Beerdigung beschäftigen. Nicht mit dem Sterben, mit der vielleicht furchtbaren Zeit des Leidens und Abschiednehmens davor, sondern mit der friedlichen Phase, wenn alles vorbei ist. Wie soll Ihr Erinnerungsmal für den Übergang ins letzte Anderland aussehen? Was könnte Sie,

was Ihre Nachkommen trösten? Mit welchem Zitat oder welchem Bild könnten Sie ihnen Kraft geben und Mut machen? Was sollen die anderen über Sie denken, wenn Sie nicht mehr hier sind? Spazieren Sie zur Anregung einmal über einen Friedhof. Spüren Sie, wie Sie dem letzten Anderland hier nahe sind. Und was das für ein wichtiger JesusLuxus ist, sich diese Zeit einmal zu nehmen.

zu Füßen und bittet um Erbarmen für seinen epileptischen Sohn. Jesus heilt ihn, mit der Macht seines Wortes. Kraft tanken, um zu lieben, barmherzig zu sein, zu handeln, zu helfen, zu heilen: Das ist der Grund, warum Gott den JesusLuxus Anderland geschaffen hat und warum wir diese unglaublich luxuriöse Fähigkeit erhalten haben, über die Wirklichkeit hinauszuwachsen. Es ist ein Liebesakt Gottes, gedacht für unsere Mitmenschen und für uns selbst. Auch als tröstlicher Vorgeschmack für das ganz andere Land, das wir einst betreten werden.

Der Luxus, die Arbeit ruhen zu lassen: Jesus bei Maria und Marta

In einer anderen biblischen Erzählung wird die Diskussion über den Luxus direkt auf den Punkt gebracht. Beide spielen im Haus des Lazarus und seiner beiden Schwestern Marta und Maria. Zur Unterscheidung von der Mutter Jesu nennt man diese Maria »die Maria aus Magdala«, auf Lateinisch Maria Magdalena. Der erste Bericht thematisiert ein Problem, das wir heute wohl »Hausfrauendilemma« nennen würden:

Als Jesus mit seinen Jüngern weiterzog, kam er in ein Dorf. Dort nahm ihn eine Frau namens Marta gastlich auf. Sie hatte eine Schwester mit Namen Maria, die setzte sich zu Füßen des Herrn nieder und hörte ihm zu. Marta dagegen war voll damit beschäftigt, das Essen vorzubereiten. Schließlich trat Marta vor Jesus hin und sagte: »Herr, kümmert es dich nicht, dass mich meine Schwester die ganze Arbeit allein tun lässt? Sag ihr doch, dass sie mir helfen soll!« Der Herr antwortete ihr: »Marta, Marta, du machst dir viele Sorgen und verlierst dich an vielerlei, aber nur eins ist nötig. Maria hat die richtige Wahl getroffen. Sie hat sich für ein Gut entschieden, das ihr niemand wegnehmen kann.«

Lukas 10,38–42

Luxus kontra Notwendigkeit

Das Wort Luxus kommt in der Bibel nicht vor. Aber hier wird das Thema so direkt verhandelt: Es geht um den Gegensatz von Notwendigkeit und Luxus. »Nur eins ist nötig«, sagt Jesus. Und es ist nicht daran zu rütteln: Der Luxus gewinnt. Marta ist eine praktisch denkende Frau: »Es ist notwendig, dass du nach der Reise etwas zu essen bekommst.« Damals gab es keine Fertiggerichte, Kochen war eine aufwendige Prozedur.

Ein wenig höre ich auch einen modernen Unterton bei Marta: »Ihr Männer denkt wohl, das Essen kocht sich von alleine. Ihr sitzt nur da und lasst euch bedienen.« Jesus hätte vermittelnd, diplomatisch, um den Frieden bemüht antworten und Marta würdigen können: »Wie gut, dass du für uns sorgst. Ich weiß das zu schätzen, aber nun setz dich doch auch einmal zu uns.« Aber er ist viel schroffer: »Du verlierst dich«, sagt er und meint damit: »Maria verliert sich nicht.« Maria hat in ihrem Leben den Punkt gefunden, an dem sie die Arbeit ruhen lassen muss. Dort findet sie die geistliche Fülle, den Kontakt zum wahren Reichtum, den Kontakt mit Gott, dem Schöpfer.

Jeden Tag treffen wir viele kleine Entscheidungen: Bleibe ich im flachen Land des Notwendigen,

des Arbeitens, der Materie, der Dinge, des Geldes? Oder finde ich den Ausgang aus diesem schrecklich engen Tunnel der Zwangsläufigkeiten? Sorge ich für das nichtmaterielle Gut, von dem Jesus spricht? Das Gut, das mir niemand wegnehmen kann? Gönne ich mir und meiner armen Seele diesen Luxus? Den JesusLuxus, der lebensnotwendiger ist als das Lebensnotwendige? Gibt es einen, zu dem ich voller Begeisterung und Dankbarkeit singen kann?

JesusLuxus-Anregung: Heiligen Sie den nächsten Sonntag

In der Bibel wird immer wieder dazu aufgefordert, fleißig zu arbeiten, die Erde zu bebauen und zu bewahren und sie sich zugleich untertan zu machen. Wer nicht arbeitet, soll auch nicht essen usw. Was aber noch viel breiteren Raum einnimmt, ist die andere Seite: Wann es unumgänglich ist, die Arbeit ruhen zu lassen. Der Sabbat, der Ruhetag, gehört zu den herausragenden Forderungen im Alten Testament. An jedem siebten Tag wird nicht gearbeitet. Dazu wird eine gigan-

tische Gleichniserzählung bemüht: So hat Gott es bei der Erschaffung der Welt auch getan. Am siebten Tag hat er sich ausgeruht.
Über diese seit Jahrtausenden bewährte Idee wurden im jüdischen Glauben eine Unmenge von Einzelgesetzen und Vorschriften gestülpt. Gegen die absurdesten von ihnen hat sich Jesus vehement gesträubt. Die Idee des Sabbats an sich aber hat er niemals infrage gestellt. Vielleicht ist diese Art von JesusLuxus, die Arbeit regelmäßig und im richtigen Moment vollständig ruhen zu lassen, die wichtigste und gesündeste der bisher hier vorgestellten Spielarten des JesusLuxus. Ziehen Sie es probeweise möglichst gleich am nächsten Sonntag durch: Besuchen Sie einen Gottesdienst, oder erleben Sie einen im Radio oder Fernsehen. Nehmen Sie keine Arbeit mit in diesen Tag, keine E-Mails, keine beruflichen Telefonate, keine Termine, möglichst auch kein Auto, keine Reisen. Orientieren Sie sich also ruhig einmal an den jüdischen Sabbatregeln. Natürlich ist so ein JesusLuxus-Tag umso luxuriöser und gesünder, je fleißiger Sie an den sechs Werktagen davor gearbeitet haben. Aber, wichtig: Verkrampfen Sie sich nicht. Genießen Sie die luxuriöse Ruhe. Ärgern Sie sich nicht darüber, was Ihnen heute möglicherweise durch die Lappen geht. Behandeln Sie den Sonntag wie ein Loch in der fortlaufenden Zeit: Wenn Sie heute etwas arbeiten würden, es würde gar nicht wirken.

Der Luxus der Verschwendung: Die Salbung in Betanien

Der Luxus Jesu ist ein anderer als der herkömmliche materielle Luxus. Aber manchmal hat sich Jesus auch etwas materiell Luxuriöses gegönnt. Die entscheidende Geschichte dazu ist der zweite Bericht über einen Besuch Jesu im Hause der Geschwister Maria, Marta und Lazarus. Sie steht im 12. Kapitel des Johannesevangeliums. Für mich war die Geschichte die Keimzelle für das vorliegende Buch, von hier aus startete die Idee des JesusLuxus.

Sechs Tage vor dem Passahfest kam Jesus nach Betanien, wo Lazarus lebte, den Jesus von den Toten auferweckt hatte. Dort bereiteten sie ihm ein Mahl. Marta bediente. Lazarus saß auch mit am Tisch. Da nahm Maria ein Pfund Salböl aus kostbarer, unverfälschter Narde, goss es Jesus über die Füße und trocknete sie mit ihrem Haar. Das ganze Haus wurde erfüllt von dem Duft des Öls. Da sprach einer seiner Jünger, Judas Iskariot, der ihn später verriet: »Warum wurde dieses Öl nicht für 300 Silberstücke verkauft und das Geld an die Armen verteilt?« Jesus

sagte: »Lass sie in Ruhe! Nach Gottes Willen hat sie dieses Öl für den Tag meines Begräbnisses aufbewahrt.« Und an alle Jünger gewandt fügte er hinzu: »Arme habt ihr allezeit bei euch, aber mich habt ihr nicht allezeit.«

Johannes 12,1–8

Verschwendung und Erotik

Eine anrührende, zauberhafte Geschichte. Eine der wenigen Erzählungen in der Bibel, in denen es intensiv duftet. Außerdem hat sie etwas unverkennbar Erotisches. Als Überschrift könnte ich mir vorstellen: Eine Frau flippt aus. Es ist immer wieder spekuliert worden, ob Jesus und Maria Magdalena ein Paar wa-

ren, und diese Geschichte dient dabei als wichtigstes Beweisstück. Maria Magdalena nimmt ein Pfund Duftöl, heißt es, eine verrückt riesige Menge. Eine unglaubliche Verschwendung, wie sie vielleicht nur die

Liebe zustande bringen kann. Vor allem aber: Jesus nimmt das Geschenk an. Er versucht, Magdalena mit einer Erklärung aus der Verlegenheit zu helfen: »Sie hat dieses Öl für den Tag meines Begräbnisses aufbewahrt.« Aber wirklich vernünftig ist diese Erklärung nicht: Warum verwendet sie das Öl dann schon jetzt? Und hätte man für einen Toten so eine riesige Menge teuerstes Parfüm verwendet? Nein, Maria Magdalenas Aktion bleibt herrlich luxuriös und unvernünftig. Unvernünftig aus Liebe.

Seine Jünger mokieren sich über diese übertriebene Verschwendung. Sie argumentieren ganz modern: Man könnte doch das Luxuszeug verkaufen und das Geld den Armen geben. Jesus ist anderer Ansicht. Und dann fügt er einen unscheinbaren, aber großen Satz dazu: *»Arme habt ihr allezeit bei euch.«* Auf die Bedeutung dieser paar Wörter hat der französische Schriftsteller Georges Bernanos hingewiesen. In seinem Roman »Tagebuch eines Landpfarrers« staunt die Hauptfigur immer wieder über diesen erschreckend klaren Satz. Jesus rechnet ganz offensichtlich nicht mit einer Zukunft, in der die Armut endgültig besiegt werden kann. Solange wir leben, wird es Ungerechtigkeit geben bei der Verteilung der Güter. Solange Geld fließt, wird es dabei auch stocken und an falsche Orte strömen. Geld wird sich immer ungleich verteilen, es wird immer Arme geben und Reiche.

Arme habt ihr immer

Jesus entwickelt zum Thema Reichtum und Armut kein System. Er geht einen anderen Weg: Er *lebt* das Leben der Armen, ohne jemals damit anzugeben. Er ruft nicht einmal dazu auf, es ihm nachzumachen. Jesus »stellt sich« nicht nur mit schönen Worten auf die Seite der Armen, sondern er lebt tatsächlich arm, und das aus freien Stücken. Denn ursprünglich kam er nicht aus armen Verhältnissen, wie oft angenommen wird.

Das ist wichtig für den JesusLuxus: Würde Jesus aus einer armen Sippe stammen, wäre ihm vielleicht gar nichts anderes übriggeblieben, als eine Arme-Leute-Religion zu predigen. So war es aber nicht. Jesus hat reiche Freunde, die Zöllner etwa oder den reichen Josef aus Arimathäa, der seine eigene neue Grabhöhle für die Beisetzung Jesu zur Verfügung stellt. Während der Kreuzigung stellen die Soldaten fest, dass Jesus ein wertvolles Gewand trägt, in einer aufwendigen Spezialtechnik gewebt. Das alles könnten spätere legendenhafte Ausschmückungen sein. Nirgends jedoch im Neuen Testament wird die Anstrengung unternommen, Jesus als jemanden darzustellen, der aus ärmlichen Verhältnissen stammt.

Dadurch bekommt sein armes Leben als Wanderprediger ohne Schuhe und ohne Dach über dem Kopf eine umso größere Bedeutung. Er wählte die Armut freiwillig. Ganz ähnlich wie die reichen Söhne Franziskus von Assisi oder Siddharta Gautama, der spätere Buddha.

Der Nutzen von Verschwendung

Zum JesusLuxus gehört es also durchaus, auch einmal ein unvernünftig teures Geschenk anzunehmen, eine verrückte Aktion durchzuziehen, sich etwas zu gönnen und auf die ach so schrecklich vernünftigen Kritiker zu pfeifen. Wolf Lotter, Autor des klugen Buchs »Verschwendung«, unterscheidet zwischen Verschwendung und Vergeudung. Etwas verbrauchen, ohne Neues zu schaffen, das ist vergeuden. Hätte Maria das Öl im Vorbeigehen über Jesus geschüttet, ohne dass er es richtig bemerkt hätte, wäre es Vergeu-

dung gewesen. Aber indem sie es ihm vor den Augen der Jünger auf die Füße goss, war es Verschwendung im kreativen Sinn: mit Mut zum Neuen, auch zum Risiko. Noch heute, zwei Jahrtausende später, reden wir über Marias verschwenderische Tat. Die Evangelisten Matthäus und Markus, die die Salbungsgeschichte etwas anders erzählen (bei ihnen ist es nicht Maria Magdalena, sondern eine unbekannte Frau), lassen Jesus das sogar ausdrücklich sagen: »Wenn das Evangelium in der ganzen Welt gepredigt wird, wird man sich auch an ihre Tat erinnern.« Stimmt.

Für Wolf Lotter ist Verschwendung eine unentbehrliche Voraussetzung, um die Zukunft zu meistern. Die Natur liebt die Verschwendung, weil dadurch immer mehr Möglichkeiten für Neues entstehen, weil es dadurch bewusste Abweichungen vom Gewohnten gibt. In Notzeiten würde die Natur niemals auf den Gedanken kommen, zu sparen. Im Gegenteil, dann wird besonders viel probiert und experimentiert, ungewöhnliche Ideen werden getestet, und neue Arten entstehen.

Die Marktwirtschaft verhält sich leider nicht so clever. In Notzeiten, so lehrten uns die letzten Jahre, schalteten die meisten Unternehmen auf Sparen: Kosten senken, Lieferanten im Preis drücken, Mitarbeiter entlassen. In den USA gab es in den 1990er-Jahren

JesusLuxus-Anregung: Erinnern Sie sich an verschwenderische Momente

Wann haben Sie einmal etwas getan, das Ihre Umgebung für vollkommen unvernünftig und verschwenderisch gehalten hat? Das sich aber dann als Aufbruch zu etwas Neuem, Größeren erwies? Eine Verschwendung also, an die Sie noch heute gerne zurückdenken. Vielleicht eine Reise, für die Sie lange sparen mussten, die aber unvergesslich in Ihrer Erinnerung haftet. Oder ein Kleidungsstück, das viel zu teuer war, das Sie aber lange geliebt haben, eventuell bis heute. Oder einen Berufswechsel, über den damals viele den Kopf geschüttelt haben, der sich aber dann als kluge Entscheidung herausstellte.

Wenn Sie zurückblicken auf Ihren Lebensweg, werden Sie möglicherweise feststellen: An den glücklichsten Punkten herrschte Verschwendung. Lernen Sie daraus für Krisen: Sehen Sie in Notzeiten auf Ihre Guthabenseite. Was haben Sie noch für Möglichkeiten? Was können Sie? Wer kann Ihnen helfen? Ziehen Sie sich nicht resigniert zurück, sondern probieren Sie etwas Neues, gerade jetzt! Wenn Sie wirklich tief gefallen sind, öffnet sich oft eine neue Tür, die Sie bisher gar nicht kannten. Katastrophen können gute Freunde werden!

eine vergleichbare Entwicklung. Eine große Untersuchung der *New York Times* ergab: Die Hälfte der Firmen, die damals Sparen zur obersten Priorität ihrer Unternehmensführung machten, sind inzwischen nicht mehr auf dem Markt. Sie wurden aufgekauft oder gingen pleite. Denn sie haben nicht nur gegen die Vergeudung gekämpft, sondern auch gegen die Verschwendung.

Sparen ist rückwärtsgewandt, Verschwendung aber sieht in die Zukunft. Das lässt sich schön an Jesus sehen: Während das teure Parfüm über ihn fließt, ahnt er bereits die spätere Bedeutung dieses Moments.

Der Luxus des Trauerns: Jesus singt sterbend einen Psalm

Es gibt Zeiten, da ist das Leben selbstverständlich. Da gibt es keinen Zweifel, dass nach dem Tag ein nächster Tag kommt. Da gibt es Pläne, Ziele, Zukunft. Da freut man sich – still oder auch einmal lautstark –, dass man am Leben ist.

Aber manchmal kommt einem diese Selbstverständlichkeit abhanden. Da staunt man, dass man es überhaupt bis hierher geschafft hat. Da lebt man nicht mehr, sondern funktioniert nur noch. Und manchmal nicht einmal mehr das. Der Kontakt zu den eigenen Gefühlen ist völlig abgerissen. Die selbstverständlichsten Tätigkeiten gelingen nicht mehr, jeder kleinste Anfang erscheint wie ein unüberwindlicher Achttausender. Das Aufstehen fällt unendlich schwer, der Schlaf bringt keine Erholung.

Im Tal der Depression

Dann ist es dunkel in einem. »Depression« sagt man dazu. Auf Deutsch heißt das »Tal« oder »Vertiefung«. Da geht es bergab, man fühlt sich nach unten gezogen. Aber »Depression« ist nur eine Etikettierung, ein Versuch, einem eigentlich unbeschreiblichen Zustand einen Namen zu geben. Viele Menschen, die in einer Depression stecken, können gerade diesen Tatbestand Depression nicht sehen. Sie denken nicht, dass sie

sich verändert haben, sondern dass die Welt anders geworden ist. Dass ihnen alles feindlich gesinnt ist.

Anderen ist ihr depressiver Zustand durchaus bewusst, aber diese Einsicht hilft kaum weiter. Manchmal fühlt sich eine Depression auch gar nicht depressiv an: Man ist nicht niedergeschlagen, sondern wütend und böse. Ich möchte hier deshalb nicht von Depression sprechen, sondern bei dem allgemeineren Bild bleiben: innere Dunkelheit.

Rilke entdeckt die Kraft des Dunkels

Einen besonders wirksamen Trost für dunkle Stunden habe ich bei Rainer Maria Rilke gefunden. Wenige Wochen vor der Wende zum 20. Jahrhundert, im Jahr 1899, hat er in Berlin ein Gedicht geschrieben, das mir wie Medizin erscheint gegen die Begleiterscheinungen seelischer Verfinsterungen.

Ich liebe meines Wesens Dunkelstunden,
in welchen meine Sinne sich vertiefen;
in ihnen hab ich, wie in alten Briefen,
mein täglich Leben schon gelebt gefunden
und wie Legende weit und überwunden.
Aus ihnen kommt mir Wissen, dass ich Raum
zu einem zweiten zeitlos breiten Leben habe.
Und manchmal bin ich wie der Baum,
der, reif und rauschend, über einem Grabe
den Traum erfüllt, den der vergangne Knabe
(um den sich seine warmen Wurzeln drängen)
verlor in Traurigkeiten und Gesängen.

»Ich liebe meines Wesens Dunkelstunden« – in dieser Zeile stecken gleich zwei tröstliche Entdeckungen. Rilke liebt, was die meisten Menschen sonst verabscheuen: die dunklen Stunden, in denen sich das Gemüt verfinstert und die Schwermut über einen kommt. Das ist eine große Leistung, die Finsternis in sich mit offenen Augen zu erforschen und es zu wagen, dieses Dunkel zu lieben und zu umarmen. Das

Dunkel ist keine Störung, sondern es gehört zum Wesen des Menschen.

Depressive Verstimmungen als kostbarer Luxus

Wozu aber ist dieses Dunkel gut? Ist es nur ein Betriebsunfall, ein Konstruktionsfehler, den man reparieren muss? Nein, gerade in diesem Dunkel sieht ein Mensch etwas, das er im Licht nicht sehen kann. Die Sinne vertiefen sich. Das Sehen, Hören, Fühlen, vom Außen nicht mehr abgelenkt, geht nach innen. Die Dunkelstunden sind ein Geschenk, eine besondere Gabe, ein wertvolles Luxusgut ganz eigener Art.

In unseres »Wesens Dunkelstunden« steigen Sie hinunter – ins Archiv. In diesen dunklen Stunden, sagt Rilke, »hab ich, wie in alten Briefen, mein täglich Leben schon gelebt gefunden und wie Legende weit und überwunden«. Alte Briefe, das ist ein schönes Bild für all das, was Sie in Ihrem Leben erlebt und im Gedächtnis abgeheftet haben. Was Sie getan und gefühlt haben, wie andere Sie gesehen haben. In den dunklen Stunden meldet sich vieles davon zu Wort. Wenn sich die Seele verfinstert, erscheint das Gesche-

hene doppelt unerbittlich: Die guten Erinnerungen sind unwiederbringlich vergangen, die schlechten Erinnerungen sind auf erbarmungslose Weise unveränderbar. Ach, hätte ich mich doch damals anders entschieden! Aber es geht nicht. Eine Denkschleife, aus der es kein Entrinnen zu geben scheint.

Da ist es gut, von Rilke den anderen Blick auf die Vergangenheit zu lernen: Ihr tägliches Leben ist schon gelebt. Sie erkennen die Muster, die Wiederkehr des Erlebten, wie es übereinstimmt mit den Erfahrungen anderer, mit den alten Legenden und Märchen: »Wie Legende weit.« Aber nicht nur das. »Überwunden« ist ein herrlich befreiendes Wort. Was während der Dunkelstunden so unerträglich auf Ihnen lastet, Sie können es überwinden. Es ist vergangen, eingeordnet, aufgehoben, wie in alten Briefen. Sie sind frei. Frei für eine weitere Erfahrung, die nur in Dunkelstunden möglich ist:

**Aus ihnen kommt mir Wissen, dass ich Raum
zu einem zweiten zeitlos breiten Leben habe.**

Das ist der Sinn, warum in die menschliche Seele Depressionen eingebaut sind: Sie sind die Tür in eine andere Dimension, hinaus aus den ärmlichen Grenzen Ihrer Lebenszeit und Ihres Lebensraums. Dieses Erlebnis während der Dunkelstunden der Seele ist keine Idee, keine vage Ahnung, sondern: Wissen. »Wissen, dass ich Raum zu einem zweiten, zeitlos breiten Leben habe.« Ich kenne kaum eine schönere Formulierung für das, was Spiritualität ist. Den Raum, in dem der Glaube eigentlich zu Hause ist. Raum, der nicht räumlich ist. Zeit, die nicht mehr zeitlich ist. Die Dimension, in der Ihr menschliches Dasein verschmilzt mit dem Göttlichen. »Welten-Innenraum« nennt Rilke das in anderen Texten: Raum, aus dem neuer Sinn entspringt. Rilke wird von manchen als einer der großen Mystiker des letzten Jahrhunderts bezeichnet, besonders in seinem Spätwerk.

Und manchmal bin ich wie der Baum,
der, reif und rauschend, über einem Grabe
den Traum erfüllt, den der vergangne Knabe
(um den sich seine warmen Wurzeln drängen)
verlor in Traurigkeiten und Gesängen.

Die tiefe Wahrheit dieser Zeilen kann man wohl auch bei mehrmaligem Lesen nicht ergründen. Ich glaube, ich selbst werde ein Leben lang dafür brauchen. Aber ich ahne, dass ich tatsächlich nach meinem Tod wie ein Baum an meinem eigenen Grab weiterleben könnte, um in einer anderen Dimension meine unerfüllten und ungeträumten Träume zu erfüllen. Träume, die ich schon als Knabe hatte und dann wieder verloren habe, in den wunderbar schwermütigen Gesängen des Blues oder den großartig weiten Tönen von Claude Debussy.

Tod und Grab – nie kommt man dem Gegenteil des Lebens so nah wie in den dunklen Stunden der Seele. Und doch ist ausgerechnet hier, am entgegengesetzten Ende des Lebens, der Schlüssel zum Leben zu finden.

Die ultimative Dunkelstunde: Jesus am Kreuz

Unser christlicher Glaube ruht auf einer Dunkelstunde, die fast nicht zu überbieten ist. Keine Depression, keine Ahnung vom Tod, sondern der Tod selbst: Jesus, der einzige Sohn des Schöpfers, der Mensch gewordene Gott, stirbt.

Die Einzelheiten seines grausamen Foltertods sind detailliert überliefert. Die Todesart ist Kreuzigung, ein mutwillig in die Länge gestrecktes Sterben durch Erschöpfung und Ersticken, die damals wohl grausamste Art der Todesstrafe. Golgatha heißt der Hügel vor der Stadt Jerusalem, auf dem es geschieht. Pontius Pilatus heißt der Mann, der das Todesurteil unterzeichnet. Das Verbrechen steht auf einem Schild

über dem Kopf des Hingerichteten: Weil er sich bezeichnet hat als König der Juden.

Für Jesus selbst, für seine Bewegung und sein gesamtes Lebenswerk ist das der Tiefpunkt. Schlimmer hätte es nicht kommen können. Seine Freunde verlassen ihn, verstecken sich, stehen nicht zu ihm. In dieser furchtbaren Situation singt Jesus den 22. Psalm:

Mein Gott, mein Gott, warum hast du mich verlassen.
Ich schreie, aber meine Hilfe ist weit weg.
Ich rufe nach dir am Tag, aber du antwortest nicht.
Ich rufe zu dir in der Nacht, aber ich finde keine Ruhe.

Psalm 22,1–3

Jesus ist »hinabgestiegen in das Reich des Todes«, so sagen wir es im Glaubensbekenntnis. Ganz offensichtlich gehört auch dieser absolute Tiefpunkt zur Gesamtkonstruktion vom Menschsein. Jesus trägt die Gegenwart Gottes sogar in den Ort hinein, der dem Leben entgegengesetzt und von Gott verlassen ist. Aber jetzt darf man sagen: Der von Gott verlassen *war*. Es gibt keinen Ort mehr ohne Gott.

Der 22. Psalm, den Jesus am Kreuz zitiert, ist ein typischer Blues-Psalm Davids, mit den kreisenden Sätzen der Verzweiflung am Anfang, den Hilfeschreien mit Ausrufezeichen in der Mitte und einem universalen Ausblick auf eine strahlende Zukunft am Schluss.

Wir wissen nicht, wie weit Jesus diesen 22. Psalm gerufen, gefleht und geseufzt hat. Aber selbst wenn er ihn nicht bis zum Ende gesprochen oder gesungen hat – er hat den ganzen 22. Psalm zu Ende gestorben und gelebt.

Er wurde auf grausame Weise getötet, ist dann aber aus dem Totenreich zurückgekommen. Das geschah unspektakulär: nur ein leeres Grab. Keine Trompeten der himmlischen Heerscharen, sondern er taucht morgens auf, er geht mit, er segnet das Brot beim Abendessen, er macht am See Genezareth für seine Freunde Frühstück.

Damit hat Jesus verwirklicht, was in den letzten Strophen des 22. Psalms angekündigt wird: Licht, Herrschaft, Freude, tiefe, tiefe Lebensfreude. Dafür sind die Dunkelstunden da. Ohne sie ist dorthin nicht zu gelangen. So wie der Psalm im Blues-Schema ist auch unser Leben: Immer wieder Dunkelheit, dann kommt ein Freund, ein Sänger, wir kämpfen, wir werden getragen, wir erleben etwas Neues, das es vorher so nicht gab. Eine Herrlichkeit, die heller ist als alles davor. Ein Ende, wie es der 22. Psalm beschreibt:

JesusLuxus-Anregung:
Lernen Sie Rilkes Gedicht auswendig

Zugegeben, keine sehr originelle Anregung. Aber bitte glauben Sie, was ich von vielen an Depression Leidenden gehört habe: Es gibt keine wirksamere Meditation gegen Depression, als dieses Gedicht auswendig zu können und es sich in dunklen Stunden innerlich vorzusagen. Es zu lesen ist keine Alternative, es muss ins Herz. Ein Arzt würde sagen: nicht äußerlich anwenden, sondern intravenös.

Bis ans Ende der Welt wird man an den Herrn denken und sich ihm zuwenden.
Alle Geschlechter der Heiden werden zu ihm beten, denn sein ist das Reich, und er herrscht unter den Ungläubigen.
Alle werden kommen und seine Gerechtigkeit verkünden
einem Volk, das erst noch geboren wird.
Denn er hat es geschafft!

Psalm 22,28.29.32

Der Luxus, in Jesus Gott zu sehen: Jesu Auferstehung und die Magdalenensekunde

Diese Frage hatten wir schon bei der Geschichte mit dem teuren Salböl: Hatte Jesus eine Geliebte? Ich kann mir Jesus eigentlich nicht anders vorstellen. Wenn Gott wirklich Mensch geworden ist, dann hat er *alles* Menschliche erlebt: das Geborenwerden, das Leben als Säugling, hilflos und vollkommen abhängig, die Pubertät, die Sehnsüchte und die Rebellion des Erwachsenwerdens (und es gibt ja tatsächlich Berichte über einen ziemlich aufsässigen jungen Jesus). Jesus hat die Väterlichkeit seines Vaters Josef erlebt, das Leiden, die Begeisterung, die ekstatische Freude einer Hochzeit, er hat getanzt und gesungen, da bin ich überzeugt, und er hat wohl auch die Liebe erlebt, die seelische und die körperliche Liebe.

Hätte Jesus vollkommen abstinent gelebt, hätte er jeden Kontakt mit Frauen vermieden, so wie es damals einige Asketen getan haben, dann hätte man

das betont und festgehalten. Der jüdische Theologe Schalom Ben-Chorin meinte, Jesus sei als Rabbi mit größter Wahrscheinlichkeit verheiratet gewesen. Ein Rabbi ohne Ehefrau war so selten, dass dies bestimmt ausdrücklich erwähnt worden wäre. Aber es bleiben Spekulationen, ob Jesus die Liebe der Maria Magdalena mit ihr geteilt oder erlitten hat.

Maria am Grab

Wenn das Lied der Liebe verstummt, ist unser Leben sinnlos, dunkel und leer. So geht es Maria Magdalena nach dem Tod Jesu – gleichgültig, ob sie nun etwas mit ihm hatte oder nicht. Sie ist allein. Sie trauert, denn sie hat das Liebste auf der Welt verloren. Zusammen mit Jesu Mutter, Maria, Jesu Tante und noch einer anderen Maria, der Frau des Kleopas, und dem Jünger Johannes war sie am Kreuz gestanden, ganz nah, und hat sein grausames, qualvoll langes Sterben miterlebt. Sie hat es ausgehalten. Sie ist nicht davongerannt. Vielleicht hat sie sogar geholfen, ihn ins Grab zu legen.

Auch jetzt, am dritten Tag nach seinem Tod, läuft sie nicht davon, sondern geht zu seinem Grab. Was dann folgt, ist eine der zartesten Szenen im Neuen Testament.

Maria Magdalena aber stand draußen vor dem Grab und weinte. Als sie nun weinte, schaute sie in das Grab und sieht zwei Engel in weißen Gewändern sitzen, einer am Kopfende und einer am Fußende, wo sie den Leichnam Jesu hingelegt hatten. Und sie sprachen zu ihr: »Frau, was weinst du?« Sie spricht zu ihnen:
»Sie haben meinen Herrn weggenommen, und ich weiß nicht, wo sie ihn hingelegt haben.«
Und als sie das sagte, wandte sie sich um und sieht Jesus stehen und weiß nicht, dass es Jesus ist. Da spricht Jesus zu ihr: »Frau, was weinst du? Wen suchst du?« Sie meint, es sei der Gärtner, und spricht zu ihm: »Herr, hast du ihn weggetragen, so sage mir, wo du ihn hingelegt hast, so will ich ihn holen.«
Da spricht Jesus zu ihr: »Maria!«
Da wandte sie sich um und spricht zu ihm auf Hebräisch: »Rabbuni!«, das heißt: »Meister!«
Spricht Jesus zu ihr: »Rühr mich nicht an, denn ich bin noch nicht zurückgekehrt zum Vater. Aber geh zu meinen Brüdern und sag ihnen von mir: Ich kehre zurück zu meinem Vater und eurem Vater, zu meinem Gott und eurem Gott.« Maria von Magdala geht. Und verkündigt den Jüngern: »Ich habe den Herrn gesehen, und das hat er zu mir gesagt.«

Die Magdalenensekunde

Engel durchbrechen die Zeit. Halb wach, halb im Traum. Bilder aus der Vergangenheit fliegen vorbei. Die Zukunft reißt auf wie Nebel, der verschwindet. Die Engel im Grab geben keine Antwort. Aber ihre Anwesenheit zeigt, dass es eine Antwort gibt. Das ist die Eigenart von Engeln.

Die Antwort steht hinter Maria Magdalena. Sie dreht sich um. Grabkammern zeigen nach Osten, sie schaut gegen die aufgehende Sonne, sieht die Gestalt nur als Schattenriss. Die Gestalt fragt, genau wie die Engel. Und Maria erzählt von ihrem Kummer.

Was nun folgt, nennt der deutsche Schriftsteller Patrick Roth die »Magdalenensekunde«. Sie entsteht durch ein einziges Wort: »Maria«. Sie wird beim Namen gerufen. Dann kann es nicht der Gärtner sein. Vielleicht erkennt sie die Stimme. Jedenfalls ein Moment nächster Nähe, Bilder aus der Vergangenheit werden wach. So hat er sie immer gerufen. Sie er-

innert sich an den herrlichen Duft des Öls. Patrick Roth erlebte diese Szene in einer Schauspielschule in Hollywood, wo er als Dramaturg diese Szene aus dem Johannesevangelium möglichst textgetreu aufführen ließ. Die Frau in der Rolle der Maria Magdalena stockt. Sie hatte sich der Gestalt, die sie für den Gärtner hält, doch zugewandt. Nun soll sie antworten, und im Text steht noch einmal: »Da wandte sie sich um.« Warum dreht sich Maria Magdalena zweimal um?

Die Vorrede des Johannes zu seinem Evangelium endet mit einem großen Wort: »Niemand hat Gott je gesehen.« Jeder Jude wusste das. Wer Gott sieht, muss sterben. Mose, Elia und Jesaja verhüllten ihr Angesicht, als sie in der Nähe Gottes standen. In der Magdalenensekunde erkennt Magdalena, wer Jesus wirklich ist: Der auferstandene Herr ist Gott selbst. Sie wendet sich ab. Keiner hat Gott je gesehen. Der Jesus vor seinem Tod und der Jesus nach seinem Tod ist ein anderer. Es ist ein unendlicher Unterschied. Es ist der Unterschied zwischen Mensch und Gott. Magdalena erschrickt. Rückwirkend wird ihr klar, wer er die ganze Zeit schon war.

In der Magdalenensekunde geschieht eine Umwälzung von unvorstellbarem Ausmaß. Die Liebe einer Frau erweitert sich vom Menschlichen ins Göttliche, vom Endlichen ins Universale. Und das passiert ganz lautlos. Sie ahnte schon das Göttliche im Menschen Jesus, so wie sie den Menschen Jesus im göttlichen

Auferstandenen ahnt. Jetzt könnte sie sich ein drittes Mal umdrehen, ihm wieder ins Angesicht sehen und erleben, dass sie dabei nicht stirbt.

Ist der unendliche Unterschied zwischen menschlichen und göttlichen Dimensionen nun vorbei? Wird alles wieder so wie vorher? Könnte sie wieder vor ihm knien, seine Füße mit Duftöl begießen und mit ihren Haaren trocknen? Nein. »Rühr mich nicht an«, sagt Jesus. Eine Woche später wird er zu seinem Jünger Thomas das Gegenteil sagen: »Reiche deinen Finger her!« Aber dann wird er einen bemerkenswerten Rückzieher machen: »Selig sind, die nicht sehen und doch glauben.« Man könnte sagen: Selig sind, die sich abwenden von dem Göttlichen, die ihr Angesicht verhüllen, die den unendlichen Unterschied zwischen Mensch und Gott nicht verwischen wollen. Die sich freuen am Göttlichen in jedem Menschen. Die jubeln können über die göttliche Dimension jeder Liebe. Selig sind, die sich freuen können über den schönen alten Sponti-Spruch: »Mach's wie Gott, werde Mensch!« Und die wissen, dass das Gegenteil ebenso wahr ist, dass Gott uns verwandeln will in Wesen, die ihm gleichen. Die sich für die Liebe

JesusLuxus-Anregung: Gewöhnen Sie sich das Wort »Christus« an

Was ist der Unterschied zwischen Jesus und Christus? Jesus ist ein Eigenname. So wurde Jesus von seinen Eltern und seinen Zeitgenossen genannt. Christus, zu Deutsch »der Gesalbte«, ist ein Ehrentitel, gleichbedeutend mit »der Messias«, der lang ersehnte Retter, der Sohn Gottes. Mit der Auferstehung wird klar, dass der Mensch Jesus dieser erhoffte Retter Christus ist. Der Jesus, zu dem wir heute beten, ist eigentlich nicht Jesus, sondern Christus. Es ist der Luxusname Jesu.

Das erscheint vielen als Haarspalterei, aber vielleicht *fühlen* Sie den Unterschied: »Jesus« kann man distanziert und beobachtend sagen wie ein Geschichtswissenschaftler: Da soll es einmal einen gegeben haben, den nannten sie Jesus. Das Wort »Christus« aber ist immer ein kleiner Bekenntnisakt. Probieren Sie es aus: Wann bekommen Sie dieses Wort das erste Mal über die Lippen? Auch Menschen, die den feinen Unterschied zwischen Jesus und Christus nicht kennen, spüren die Power des ChristusLuxus gegenüber dem JesusLuxus.

entscheiden wie Maria, die Mutter Jesu. Die seine Nähe bezeugen wie Maria Magdalena, die erste Zeugin der Christenheit. Die wie Gott das Lied der Liebe singen.

Der Luxus des Nichts: Jesus ist von hier weg

Jesus, der Auferstandene, ist noch eine Zeit lang bei seinen Jüngern. Aber dann fährt er weg in Richtung Himmel und ist nicht mehr hier. Er lässt uns seinen Geist, hat er gesagt. Aber ich weiß noch, wie mich das als Kind wenig getröstet hat, und so geht es mir manchmal noch heute. Logisch ist dieses Gefühl nicht, aber es ist manchmal einfach da: Jesus hat uns im Stich gelassen. Jetzt ist es wieder so leer wie vorher.

Alles, was es gibt, ist Schöpfung Gottes. Vorher war nichts. Ohne ihn wäre nichts. Das ist das Grundbekenntnis des Glaubens. Der Satz, mit dem die Bibel beginnt:

Am Anfang schuf Gott Himmel und Erde.

Und diese Schöpfung ist luxuriös ausgestattet, hatte ich schon am Beginn dieses Buches festgestellt. Aber schon im zweiten Satz der Bibel sieht es gar nicht danach aus:

Und die Erde war wüst und leer.

In der luxuriösen Schöpfung ist das am häufigsten vorkommende Baumaterial – das Nichts. Entstanden aus dem Nichts, besteht die Schöpfung nach wie vor

aus unvorstellbaren Mengen von vollkommen leerem Raum.

Um uns, in uns: leerer Raum

Unser Planet Erde ist umgeben von einer dünnen Schicht aus Luft, im Verhältnis dünner als die Haut eines prall aufgeblasenen Luftballons. Über dieser zarten Schicht mit Luft zum Atmen beginnt unmittelbar das Nichts. Hier schwebt kein Sternenstaub, hier gibt es keine fremdartigen Gase, sondern nur Nichts.

Das perfekte Vakuum. Zwischen den Sonnen, Monden und Planeten ist vor allem: Nichts. Bis zum nächsten Materiebrocken, dem Mond, sind es Hunderttausende von Kilometern. Alles, was danach kommt, ist zigfach weiter entfernt. Trotzdem glucken unsere weiträumig um die Sonne kreisenden Planeten noch dicht zusammen, verglichen mit dem Raum außerhalb davon. Unsere Galaxis wiederum, obwohl ihre Milliarden von Sonnen viele Lichtjahre voneinander Abstand halten, ist im Verhältnis zu dem Vakuum um sie herum geradezu eine Zusammenballung von Materie. Bis zur nächsten Galaxis (von denen es auch wieder Milliarden gibt) liegen unvorstellbare Weiten absoluten Nichts. Wir leben auf einer winzigen Insel inmitten eines unermesslichen Ozeans des Nichts.

Ähnlich wie mit dem gigantischen Nichts im Kosmos über unseren Köpfen ist es mit der Materie selbst, aus der wir bestehen und aus der alles um uns herum hier auf der Erde gemacht ist. Das auffälligste Baumaterial jedes Atoms ist leerer Raum. Könnte man ein Atom derart extrem vergrößern, dass der Atomkern so groß wäre wie ein Stecknadelkopf, wäre das Atom selbst eine Kugel von über 100 Metern Durchmesser – so geräumig, dass der Kölner Dom mühelos hineinpassen würde. Eine Winzigkeit von Materie und in großem Abstand eine hauchdünne Hülle aus Elektronen, dazwischen Unmengen leerer Raum – das ist das, was wir als solide, stabile Masse empfinden.

Doch all dieses Nichts ist nichts Bedrohliches. Ohne das Nichts wäre die Schöpfung niemals entstanden. Das Nichts scheint zu sein wie die Leinwand für einen Maler oder wie die Stille für einen Musiker. Der Dirigent Herbert von Karajan hat einmal gesagt, das Wichtigste in einem Musikstück seien für ihn die Pausen: Die Stille zwischen den Tönen, die Leere zwischen den Inseln des Klangs.

Auch unser Alltag enthält mehr leeren Raum, als wir manchmal wahrhaben möchten. Die Dichterin Virginia Woolf hat es einmal so auf den Punkt gebracht:

Jeder Tag enthält mehr Nichtsein als Sein. Das Gute an einem Tag ist in so etwas wie undefinierbare Watte gehüllt. Man geht spazieren, isst, sieht alles Mögliche und befasst sich mit dem, was getan werden muss: mit dem Staubsaugerbeutel, dem Abendessen, dem Schreiben der Einkaufsliste für Mabel. Damals als Kind, aber auch heute noch, enthalten meine Tage ein verhältnismäßig großes Quantum dieser Watte, dieses Nichtseins.

Wer etwas Wertvolles sicher einpacken will, hüllt es in Watte. So ist das Unwichtige, Leere, vermeintlich Nichtige im Leben, die Watte, möglicherweise genauso wichtig wie die wertvollen Momente unseres Lebens. Doch es kommt darauf an, sie vor lauter Watte und Verpackungsmaterial nicht zu übersehen. Was Diamant ist und was Watte, das erkennt man oft erst hinterher. Woran erinnern Sie sich aus dem letzten Jahr? Da sind die großen Ereignisse: ein Familienfest, eine Krankheit, eine Veränderung im Beruf. Aber daneben auch einzelne, kleine, eher zufällig ausgewählte Bilder, wie die auf dem Wasser tanzenden Fliegen bei dem Spaziergang am See, der Duft von Jasmin vor dem Restaurant auf dem Berg. Luxuriöse Edelsteine, versteckt in einem großen Bett aus grauem Sand.

Unser Leben ist nicht wie ein endloser Videofilm, aufgezeichnet auf einer riesigen, erbarmungslosen Festplatte. Sondern es ist eher wie ein Album, ein Muster aus Juwelen, Bilder einer Ausstellung. Momente, die wir liebevoll sammeln und sorgsam behandeln, damit wir ihren Wert bewahren.

Die leere Tafel

Aus dem Nichts schafft Gott Leben. Die Mystikerinnen und Mystiker der christlichen Tradition haben immer wieder betont: Wer Gott begegnen will, darf nicht bei der Schöpfung und ihren vielfältigen Gestaltungsformen verweilen. Wer Gott begegnen will, muss zurück ins Nichts. Meister Eckhart sagt das so:

Wenn dein Herz für Gott, den Allerhöchsten, bereit sein will, dann muss es auf einem reinen Nichts stehen. Denn dann ist es am empfänglichsten. Das ist so wie bei einer Tafel. Wenn ich auf der Tafel schreiben will, dann mag, was auf der Tafel steht, zwar wichtig sein oder klug – es hält mich aber vom Schreiben ab. Wenn ich trotzdem schreiben will, muss ich löschen, was auf der Tafel steht. Am allerbesten kann ich auf der Tafel schreiben, wenn gar nichts mehr auf ihr steht.

Die Tafel löschen, das klingt einfach. Aber es ist schwierig, weil wir keine unbeschriebenen Blätter sind. Wer hat nicht alles in unserem Herzen und unserem Denken seine Abdrücke hinterlassen! Generationen von Vorstellungen, Bildern und Gesetzen sind auf der Tafel unserer Seele. Dort gibt es eine Angst vor der Leere, einen Horror vor dem leeren Raum. Sie beruht wohl auf der Angst, dass der Tod stärker ist als das Leben.

Deshalb ist es ein Grundprinzip der Natur, das Nichts mit Leben zu füllen. In den tiefsten Höhlen wachsen einfache Flechten, in den unwirtlichsten Wüsten finden sich Pflanzensamen und Tiere mit erstaunlichen Anpassungsfähigkeiten. Auch unser Geist möchte die leeren Flächen in den letzten Höhlen und

Wüsten des Denkens füllen. Wo komme ich her? Wo gehe ich hin? Gibt es Gott? Wie sieht er aus? Wie von selbst siedeln sich dort Bilder an. Samen gehen auf, deren Herkunft wir manchmal gar nicht mehr kennen. Bilder aus der Kindheit: Gott als alter Mann mit langem Bart. Oder Bilder aus alten Kathedralen: Christus der Weltenherrscher auf goldenem Grund. Oder Bilder aus der Bibel: Gott mit einem Mantel, dessen Saum den Tempel füllt. Gott im brennenden Dornbusch. Gott in der Wolkensäule am Tag, in der Feuersäule in der Nacht.

In solchen Bildern suchen wir Halt. In solchen Bildern offenbart sich Gott. Solche Bilder sind gut. Aber jedes Bild, jede noch so gut gemeinte oder gut gemachte Vorstellung ist vorläufig. Sie kann Gott nicht fassen. Meister Eckhart warnt ausdrücklich:

Ihr sollt wissen, dass alles, was man in Worte fasst und den Leuten in Bildern vorlegt, nur eine Lockung ist zu Gott. Dass wir Gott nicht finden, liegt daran, dass wir in Bildern und Gleichnissen stehen bleiben, da wir doch den suchen, der nicht Gleichnisse hat. Auch was die Schrift bieten kann, sind Gleichnisse, Gott mehr ungleich als ihm gleich. Versinkt aber die Seele in die Gottheit, so verliert sie alles äußere Bild.

»Auch die Bibel bietet lediglich Bilder, Buchstaben auf Papier, Gleichnisse.« Das ist ein harter Satz. So viele Menschen glauben, in der Bibel einen unmittelbaren Zugang zu bekommen zu Gott. Es muss ihnen erscheinen, als würde am Fundament des Glaubens gesägt, wenn hier einer sagt, dass alle Aussagen der Heiligen Schrift Gott mehr ungleich wären als gleich. Und doch ist es so: Selbst die Bilder der Bibel müssen wir hinter uns lassen, wenn wir Gott begegnen wollen.

Das Nichts in der Gottesbegegnung

Es war etwa in der Mitte meiner Studienzeit. Über zwei Jahre lang hatte ich mich sehr geradlinig vorbereitet auf den Pfarrerberuf. Aber dann geriet ich ins Stolpern. Ist das ein Beruf mit Zukunft? Wollte ich das wirklich? In was war ich da hineingeschlittert, als ich Theologie zu studieren begonnen hatte im zarten Alter von 18 Jahren? Die traumwandlerische Sicherheit und die Selbstverständlichkeit waren plötzlich dahin. Ich beschloss, die Entscheidung Gott zu überlassen. Wenn er mich in seiner Firma haben wollte, dann sollte er sich mir zeigen.

Ich fuhr zu den Mönchen von Taizé in Frankreich. Eine Woche Schweigen, eine sogenannte Retraite. So viel Zeit wollte ich Gott lassen, mir zu erscheinen, in welcher Form auch immer. Ich war auf alles gefasst: Dass sich der Himmel auftat und ich umglänzt wurde von überirdischem Licht. Dass er mir im Traum erschien, dass er sich in einer gigantischen Vision offenbarte, so wie dem Johannes auf der Insel Patmos. Oder dass ich ihn wenigstens in den kleinen Dingen der Natur entdeckt hätte. Sogar dass die Tiere zu mir sprechen könnten wie zum heiligen Franz von Assisi, hatte ich in Erwägung gezogen.

Der Ablauf der sieben Tage in schweigender Versenkung sah vor, dass ich am vorletzten Tag allein über Land gehen sollte. Eine Wanderung durch die karge Landschaft von Burgund. Jetzt, so kurz vor Ende, müsste es geschehen, dachte ich mir, und ich zog los. Der Himmel war überwältigend. Aber er tat sich nicht auf. Ich kam durch ausgestorbene Dörfer, ich sah eine verfallene Kathedrale ohne Dach, ich sah vom Wind gebeugte Bäume und dornige Felder, aber keine Visionen. Nichts. Wirklich nichts. Und

dann verstand ich: Dieses Nichts war die Erfahrung, wegen der ich den langen Weg hierher zurückgelegt hatte. Nie wieder habe ich so wenig erlebt, oder besser gesagt, so viel Nichts gespürt. Ich hatte keine großen Gedanken bekommen, keine Erleuchtung erlebt, nicht einmal Klarheit für meinen weiteren Weg. Und doch war das ein Meilenstein für mich auf dem langen Weg zu Gott.

Am Tag darauf saß ich in der riesigen Betonkirche von Taizé auf dem Teppichboden. Weit vorne und weit weg von mir fand ein Gottesdienst statt, mit gregorianischen Gesängen, moderner Musik und Lesungen auf Französisch. Ich verstand kein Wort, ich war kein Teilnehmer, ich hörte nicht einmal wirklich zu. Und doch war mir so frei ums Herz. Ich fühlte mich zu Hause. Ich war Gott nicht begegnet, aber meine Tafel war leer. Endlich leer. Und das war wunderbar. Die Tafel, auf die ich selbst meine Erwartungen geschrieben hatte. Auf jene Tafel, auf die die Pfarrer damals ihre Ideen geschrieben hatten über den Gott der Emanzipation und der Solidarität. Auf die die Prediger des CVJM ihre Botschaften geschrieben hatten von Bekehrung, glühender Jesusliebe, Lebensübergabe und buchstabentreuem Bibelglauben. Ich liebte diese Botschaften. Alle waren sie richtig, enthielten die Weisheit und die Zuneigung vieler Menschen.

Aber ich war froh, dass sie sich endlich zurückgezogen und den Weg frei gemacht hatten für den herr-

**JesusLuxus-Anregung:
Erleben Sie nichts**

Diese Anregung klingt leichter, als sie ist. Nehmen Sie sich an einem freien Tag einmal vor, einige Stunden nichts zu tun, wirklich nichts. Nicht in einem Café sitzen und faulenzen – der Kaffee hätte das »Nichts« schon zerstört. Auch nicht an einen extra schönen Ort reisen und die Sonne genießen – das wäre immer noch zu viel. Auch eine Wartezeit zu nutzen, gilt nicht, denn die Zeit wäre ja nicht wirklich leer, sondern mit Warten angefüllt. Lassen Sie nach und nach alle Tätigkeiten weg: nicht nachdenken, nicht eine Melodie im Kopf haben, keine Sorgen um morgen haben. Sie werden merken: Das wirkliche Nichts ist richtig schwer. Aber wenn Sie es einmal geschmeckt haben, werden Sie spüren, wie viel Kraft und Zukunft darin steckt, wenn Sie Ihre innere Tafel endlich einmal löschen können.

lichsten, Gott einzig angemessenen Raum für seinen Empfang: das Nichts. Nein, vor diesem Nichts brauche ich keine Angst zu haben. Diesem Nichts, das Gott mit seiner Gegenwart füllen wird.

Der Luxus der Dankbarkeit: Die Arbeiter im Weinberg

Der christliche Glaube kann in der kniffligen Debatte um Armut und Weltwirtschaftskrise, um Gerechtigkeit und Umweltzerstörung etwas beitragen, das anderen verwehrt ist: die Kategorie der Dankbarkeit. Gerade jetzt. »Wir danken Gott, dass wir leben«, habe ich Menschen sagen hören angesichts von verheerenden Naturkatastrophen oder nach dem totalen persönlichen wirtschaftlichen Crash – Menschen, die alles verloren hatten. Und darin steckt nicht nur der verzweifelte Ruf: »Wir haben ja sonst nichts mehr.« Sondern in diesem Dank steckt eine ganz besondere und ganz besonders tiefe Kraft.

Ich kenne diese neue Lebensenergie auch von Menschen, die eine schwere Krankheit überlebt haben. »Ich lebe jetzt viel bewusster«, sagen sie, »ich

nehme jeden Tag als Geschenk. Ich weiß, wie unendlich wertvoll jede Stunde meines Lebens eigentlich ist.«

Wir Menschen können vom nahen Tod etwas fürs Leben lernen. Wenn aber jemand nicht in einer Katastrophe steckt, sondern »nur« dauerhaft in einer unangenehmen Lage, die ihn langsam zermürbt – dann ist es viel schwieriger, zur Dankbarkeit zu finden: Wenn ein Mensch seine Arbeitsstelle verliert, wenn sein Einkommen wegbricht, wenn zwischen zwei Menschen die Liebe erstirbt, wenn eine Krankheit das Leben beherrscht – dann ist es für Außenstehende sehr schwierig, zu sagen: »Sei doch dankbar für das, was du noch hast!« Das kann zynisch klingen und verletzend.

Dankbarkeit lernen

Und doch ist es wahr. Was vielen unzufriedenen Menschen und im kollektiven Sinn der ganzen Gesellschaft fehlt, ist der dankbare Blick. Wie lässt sich Dankbarkeit lernen oder wiederentdecken? Es gab doch mal eine Zeit, da schien das viel leichter. Erinnern Sie sich noch an das Lied »Danke«?

Dieses Lied war der Start einer neuen Epoche in der Geschichte

JesusLuxus-Anregung: Gewöhnen Sie sich »Danke« an

Lernen Sie von unseren österreichischen Nachbarn. Dort ist »Danke« fast eine Art Grußformel. Man sagt es auch, wenn man in einem Restaurant dem Ober Geld gibt. Das wirkt für Nichtösterreicher zunächst befremdend: Eigentlich müsste sich doch nur der Ober bedanken. Aber bei näherem Hinsehen ist ein »Danke« immer passend: für die Mühen der Bedienung und der Küche, dass es genug zu essen gibt, dass man sich einen Restaurantbesuch leisten kann usw.

Wenn Sie sich »Danke« als Floskel angewöhnen, werden Sie sich manchmal über sich selbst wundern: Gab es denn jetzt gerade etwas zum Danken? Aber Sie werden feststellen: Es lässt sich immer etwas finden. Falls der Dank einmal nicht zu Ihrem Gegenüber passt, bringt es die Dankbarkeit Ihres Herzens gegenüber etwas Größerem, Höherem zum Ausdruck.

der christlichen Gemeinden in Deutschland. Man blickte zurück auf die Kriegsjahre, den Aufbau, und dieses Lied kennzeichnete die Energie dieser Zeit. Und nicht nur das. Das Lied selbst gab Kraft. Stimmt, sagte man sich, es gibt so viel, für das wir danken können.

Mit dem Danken öffnet sich etwas. Es ist nicht mehr nur das eigene Handeln und Leiden, auf das man schaut. Wer dankt, erhält einen Blick auf das Größere. Das muss gar nicht Gott sein. Danken heißt erst einmal: Da bin nicht nur ich. Da sind viele andere, und da ist etwas, das alles übersteigt. Dem verdanke ich mich.

Beim Danken ist es wie mit dem Beten: Der Absender ist wichtiger als der Adressat. Wer betet oder dankt, der verwandelt sich, der lässt sich selbst los. Er wird gelassener. Aber das Danke sagen und singen scheint schwierig geworden zu sein. Von Martin Gotthard Schneiders Danke-Lied gibt es inzwischen mehrere Parodien. »Danke für meine Arbeitsstelle« trauen sich viele gar nicht mehr zu sagen. Sie denken an die steigende Zahl der Menschen ohne Arbeit. Wir sind empfindsamer geworden, vielleicht auch empfindlicher, verletzbarer, zumindest vorsichtiger. Aber ist das ein Grund, nicht für eine Arbeitsstelle dankbar zu sein?

»Danke für jedes kleine Glück«, das klingt heute kitschig. Wir möchten uns und andere nicht mit »kleinem Glück« abspeisen, jeder soll das Recht auf volles, großes Glück haben. Aber ist das ein Grund, für ein kleines Glück nicht dankbar zu sein?

Warum ist Danken so schwer?

Eine besondere Erklärung haben Forscher gefunden, die sich mit dem menschlichen Gehirn befassen. Dort gibt es eine Abteilung, in der alle »autobiografisch« wichtigen Erinnerungen abgelegt werden. Diese Gehirnzone wird aktiviert, wenn wir »ich« sagen.

Stellen Sie sich Ihr Ich-Gedächtnis als ein Archiv vor, in dem zwei Leute arbeiten: Der eine ist ein sorgfältiger Urkundensammler, der die Fakten aller Ihrer Erlebnisse verwaltet. Er wäre mit der Menge der Daten total überfordert, gäbe es da nicht noch den anderen, den Geschichtenerzähler. Der fasst Ihre Erlebnisse in prägnanter Form zusammen. Ihn erkennen Sie an den Worten »nie« und »immer«: »Nie erlaubte uns Vater ein Vergnügen« – »Meine Mutter tröstete mich immer« – auch wenn das faktisch längst nicht immer der Fall war.

JesusLuxus-Anregung: Führen Sie ein Überraschungstagebuch

Schreiben Sie jeden Abend mindestens drei Beobachtungen des vergangenen Tages auf, bei denen Sie gestaunt haben. Gelungene Momente, kleine Erfolge, gute Begegnungen. Es ist wichtig, das schriftlich zu tun. Wer schreibt, bleibt. Ihre Wahrnehmung stellt sich allmählich um, und Sie werden misstrauischer gegenüber den Verallgemeinerungen Ihres inneren Geschichtenerzählers. Sie werden Ihrem Faktensammler wieder eine Chance geben. Fragen Sie sich bei Erinnerungen, je älter Sie werden: Wie war es tatsächlich? »Nie erlaubte uns Vater ein Vergnügen.« Sind diese Sätze mit »nie« und »immer« wirklich wahr? Das ist ein wichtiger Lernschritt auf dem Weg zur Dankbarkeit.

Der Geschichtenerzähler in Ihrem Gedächtnis bewahrt zwar viel Wahres auf: Erkenntnisse, die wichtig sind für Ihre Lebenserfahrung. Er neigt aber zu holzschnittartigen Vereinfachungen, zu Übertreibungen, und er ist sehr fixiert auf Negatives. Dies ist in der menschlichen Gehirnstruktur eingebaut, denn wir sollen schließlich aus Fehlern lernen, und deshalb werden unangenehme Erfahrungen besonders gut gespeichert.

Auch in Bezug auf die Gegenwart ist unser Gehirn empfänglicher für Unglück als für Glück. Negative Botschaften bannen unsere Aufmerksamkeit, schlechte Nachrichten machen gute Erfahrungen zunichte. Der österreichische Benediktinermönch David Steindl-Rast, der seit einem halben Jahrhundert in den USA lebt, hat herausgefunden, wie die Tür zu einem Leben in Dankbarkeit aussehen kann. Es ist die Überraschung. Eine winzige verblüffende Beobachtung kann der Ausgangspunkt zu einem ganz anderen Blick auf die Wirklichkeit sein. Plötzlich – ein Regenbogen. Das Staunen über die Sterne in der Nacht. Wenn man einem Tier zusieht. Oder ein wunderbares Flackern in den Augen eines anderen Menschen, eine Berührung, eine Stimme. Was uns erstaunt aufschauen lässt, sagt Steindl-Rast, öffnet »die Augen unserer Augen«. Ein paar Millimeter Überraschung können zu Kilometern an Dankbarkeit führen.

Bedürftigkeits- und Dankbarkeitsmodus

Bei vielen Geräten gibt es verschiedene Betriebszustände, sogenannte Modi. Mit einem Handy können Sie beispielsweise im Telefonmodus telefonieren und im Fotomodus Bilder schießen. Beim Menschen, habe ich gemerkt, gibt es auch verschiedene Betriebsarten. Wenn wir auf die Welt kommen, sind wir im Bedürftigkeitsmodus: Wir schreien, weil wir etwas zu trinken haben und geknuddelt werden wollen. Dieser Bedürftigkeitsmodus kann ganz schön lange anhalten, bei manchen Menschen ein Leben lang. Immer brauchen sie etwas, das ihnen ihre Umgebung zur Verfügung stellen soll. Sie vergleichen sich mit anderen und finden, dass ihnen das Gleiche zusteht. Wirkliche Zufriedenheit stellt sich in diesem menschlichen Betriebszustand nur für kurze Zeit ein.

Glücklicherweise gibt es noch einen zweiten Betriebszustand, den Dankbarkeitsmodus. Es ist gut, wenn ein Kind möglichst bald in der Lage ist, in ihn

umzuschalten. Vermutlich ist es für viele Eltern ein unbewusstes Erziehungsziel, ihrem Kind die Vorzüge dieses menschlichen Betriebszustands zu vermitteln. Im Dankbarkeitsmodus entwickelt der Mensch die Einsicht, dass die vielen Annehmlichkeiten um ihn herum nicht selbstverständlich sind, sondern das Produkt einer unüberschaubar großen Zahl von Helfern: Wie viele Menschen, Bauprojekte und Erfindungen sind daran beteiligt, dass gutes Trinkwasser einfach aus der Leitung kommt! Welcher Aufwand hinter den

Kulissen ist nötig, dass ein Supermarktregal stets wie selbstverständlich mit allen Waren in ausreichender Menge gefüllt ist!

Vor allem aber: Wer nur im Bedürftigkeitsmodus lebt, kann keinen Luxus empfinden. Denn jedes Bedürfnis, das gestillt wird, ruft ein weiteres Bedürfnis hervor. Materieller Luxus ist daher einem ständigen Wandel unterworfen. Fließendes Wasser im Haus wurde viele Jahrhunderte lang als enormer Luxus empfunden, heute gilt es in den Industrieländern auch in armen Verhältnissen als Standard, keinesfalls als Luxusgut. Noch Mitte der 1960er-Jahre konnte einem Schuldner das Fernsehgerät gepfändet werden. Inzwischen gehört es wie Bett oder Kühlschrank zu den lebensnotwendigen Utensilien, die zum Existenzminimum zählen.

Eine Spirale ohne Ende: Der luxuriöse Genuss von heute ist der Standard von morgen. Ein Entrinnen aus

JesusLuxus-Anregung: Installieren Sie einen Dankbarkeitsschalter

Mitten im Getriebe des Alltags ist es oft gar nicht einfach, in den Dankbarkeitsmodus umzuschalten. Denn in der Regel sind Sie nicht gerade umgeben von dankbaren, sondern von bedürftigen Menschen. Leute, die etwas von Ihnen fordern, die Bedürfnisse haben und diese meist lautstark formulieren: mehr Aufmerksamkeit, mehr Liebe, mehr Geld, mehr Zeit, mehr Gefühl, mehr Komfort.
Stellen Sie an den Platz, an dem Sie sich am häufigsten aufhalten, ein Symbol für etwas, wofür Sie ehrlich und dau-

erhaft dankbar sind: ein Foto Ihrer Ehepartnerin oder Ihres Ehepartners, Ihrer Kinder, Ihrer Eltern, eine schöne Erinnerung an eine gute Phase Ihres Lebens oder sonst ein Zeichen, das in Ihnen den Dankbarkeitsmodus aktivieren kann. Oft steht so ein Erinnerungsbild bereits irgendwo bei Ihnen. Dann brauchen Sie es nur durch einen bewussten Akt zum Dankbarkeitsschalter umzudeuten. Nehmen Sie es in die Hand, sehen Sie es intensiv an, und sprechen Sie zu sich: Ab jetzt sagt mir dieses Bild jedes Mal »Sei dankbar«. Das genügt – und kann erstaunliche positive Effekte in Ihrem Leben hervorrufen.

dieser Spirale gibt es nur auf zwei Wegen. Der eine ist eine Katastrophe: Bei Hochwasser, Wirbelsturm, Vulkanausbruch, Erdbeben oder auch dem Zusammenbruch eines Wirtschaftssystems ist jeder froh, wenn er überhaupt noch am Leben ist – und der langsame Aufbau von kleinen Annehmlichkeiten, Wohlstand und schließlich Luxus kann wieder neu beginnen.

Den anderen Weg können Sie auch ohne schreckliche Krise beschreiten, jetzt sofort, noch bevor Sie diese Seite zu Ende lesen: Dankbar sein. Das ist der Schlüssel zum wahren Luxus, zur wahren Fülle und zur wahren Lebensfreude. Dankbarkeit ist das Material, aus dem JesusLuxus in seinem tiefsten Inneren besteht.

Glaubens-Power

Irgendwo hier liegt das Geheimnis des Glaubens. Was unterscheidet gläubige Menschen von denen, die nicht glauben? Was unterscheidet Menschen, denen ihr Glauben Kraft gibt, von denen, die einen negati-

ven, belastenden Glauben haben? Vielleicht ist es der dankbare Blick zurück: Gut, dass es mich gibt. Und der dankbare Blick nach vorn: Das war noch nicht alles. Das Beste kommt noch.

Gute Zeugen für so eine Lebensweise sind die Menschen, die nach der Himmelfahrt Jesu seine Bewegung weitergeführt haben. Schon zu Jesu Erdenzeiten zog nicht nur der enge Kreis der zwölf Jünger mit ihm herum. Nach der Himmelfahrt kamen rasch weitere hinzu. Einer der Prominentesten war der ehemalige Christenverfolger Paulus, der in unermüdlichem Einsatz rund ums Mittelmeer neue Anhänger für den Jesus-Glauben gewann – oft unter Lebensgefahr, denn der neue Glaube war dem Staat ein Dorn im Auge. Paulus und seine Mitarbeiter erlebten Gefangenschaft und Folter. Die Treffen der ersten Christen in Griechenland, im heutigen Thessaloniki, wurden sofort verboten. Sie trafen sich unter Lebensgefahr, aber sie hielten dem staatlichen Druck stand. Und gerade diesen Christen schreibt Paulus ohne jede Ironie:

> *Seid allezeit fröhlich. Betet ohne Unterlass. Seid dankbar in allen Dingen. Denn das ist der Wille Gottes in Christus Jesus an euch.*
>
> 1. Thessalonicher 5, 6–18

Wenn ich eine neue Kirche zu benennen hätte, würde ich vorschlagen: Fröhlichkeitskirche. Warum gibt es die noch nicht? Fröhlichkeit scheint, obwohl ein biblischer Begriff, nicht wirklich zum christlichen Glauben zu passen. Der passt in »die Welt«, zur närrischen Faschingszeit und zum Oktoberfest vielleicht, aber nicht zu den vielen dunklen Erfahrungen des menschlichen Lebens.

Und doch gehören diese drei zusammen: Fröhlich sein, beten und danken. Auch und gerade im Leid, in der Katastrophe, in der Krise, auf dem absteigenden Ast. Denn aus dem Danken entsteht das Gebet und aus dem Gebet der frohe, heitere Glaube. Nicht grinsend oder lärmend, aber eben froh und fröhlich.

Danken macht reich

»Dankbarkeit sucht über die Gabe den Geber. So wird sie selbst zur Quelle der Liebe zu Gott und den Menschen. Wer froh und dankend betet, vergisst zu klagen.« So schrieb Dietrich Bonhoeffer, mitten im Dritten Reich, angesichts der Katastrophe, die für ihn und das ganze Land heraufzog. Und weiter: »Im normalen Leben wird es einem oft gar nicht bewusst, dass der Mensch unheimlich viel mehr empfängt, als er gibt, und dass Dankbarkeit das Leben erst reich macht.«

Dankbarkeit heißt, verwurzelt zu sein im Leben. Auf der Gebetswand in einer Kirche habe ich mal den schönen Satz gelesen: »Ich danke, also bin ich.« Das Schönste im Leben ist, sich einem anderen zu verdanken. Dankbar zu sein heißt, das Woher zu wissen. »Sieh nicht auf die Gabe, sondern auf die Hand«, so lautet ein kluges deutsches Sprichwort.

Politisch danken

Damit wären wir bei der Politik. Dankbar zu sein ist ins Gerede gekommen. Eine wachsende Zahl von Menschen lebt von staatlicher Unterstützung. Aber »der Staat« ist nicht etwas »da oben«, sondern wir alle bilden ihn. Wir sind eine Gemeinschaft, die füreinander sorgt. Wir haben ein Sozialsystem, um das uns viele andere Länder beneiden. Zugegeben, es wird von einem komplizierten, fehlerintensiven bürokratischen System verwaltet, aber die Grundidee ist

JesusLuxus-Anregung: Gehen Sie wählen

Ohne einen Funken Dankbarkeit für das, was wir in diesem Land erreicht haben, ist Politik unerträglich. Dann schleppt man sich zur Wahlurne und malt mit Unbehagen sein Kreuz. Wenn Sie aber »Danke« sagen können für irgendetwas, das Sie in Ihrem Leben, Ihrer Familie, Ihrer Umgebung oder Hei-

mat erleben, gehen Sie anders wählen. Dankbarkeit und Liebe sind Geschwister. Ich habe Politiker erlebt, die ihre Stadt, ihr Bundesland oder ihre Republik wirklich lieben und das nicht nur sagen, sondern wirklich meinen. Dazu müssen sie immer wieder Kompromisse machen, verhandeln und viele Interessen unter einen Hut bringen.
Gehen Sie, auch als Training der Dankbarkeit, grundsätzlich wählen. Wenn Sie in der Wahlkabine stehen, sagen Sie zu sich: Danke, dass ich frei wählen und mit meiner Stimme mitgestalten kann. Dass ich mehr für dieses Land tun will, als nur mein Kreuz auf den Wahlzettel zu machen. Dass es auf mich ankommt. Dass es ein großer Wert ist, um den es hier geht. Dass mein Land und die Menschen in diesem Land eine ganz große Kostbarkeit sind.

doch: Hier soll niemand hungern. Niemand soll vergessen werden. Niemand soll in Slums wohnen. In unserem Land soll es keine Gegenden geben, deren Bewohner vom Staat aufgegeben werden.

Rückwirkend glücklich werden

Mithilfe der Dankbarkeit kann ein Leben gelingen – sogar rückwirkend! Das ist eins der wunderbarsten Geheimnisse des Dankens. Ich habe erlebt, dass Menschen mit fortschreitendem Alter ihr Leben endlich besser sehen konnten. Sie konnten die endlosen Vorwürfe gegen ihre Eltern endlich fallen lassen. Die Vorwürfe gegen sich selbst, gegen den Staat, die Vorwürfe gegen Gott. All die Last fiel von ihnen ab, und es blieb nur ein leises, manchmal sogar stummes: »Danke«. So wie es ist, ist es gut. Sie stellen fest: Solange wir das »Danke« verweigern, ändert sich nichts. Wer sich aber dazu durchringen konnte, für den taten sich neue Dimensionen auf: auf eine tiefe Art allezeit

fröhlich zu sein. Auf eine wortlose Weise ohne Unterlass zu beten. Dankbar zu sein in allen Dingen. Aus dem mühsamen Kampf wurde ein anmutiges Geben-und-Nehmen im Tanz des Lebens.

Gottes Gerechtigkeit

Danken macht das Leben leichter. Aber das kann man nicht immer so singen oder sagen: Ich danke dem Leben. Die Dankbarkeit hat Gegner in uns selbst, und einer der schlimmsten ist jener Bedürftigkeitsmodus mit seinem juristischen Gerechtigkeitsdenken: »Das

steht mir doch zu!« Ein anderer Feind des Dankens ist das Geld. »Wieso danken? Dafür wird der doch bezahlt!«

Dankbarkeit ist das Erinnerungsvermögen des Herzens. Sie hat ein Gespür für das, was wir empfangen. Der Dankbarkeitsmodus ist eigentlich unkomplizierter als der Bedürftigkeitsmodus: Er sieht nicht auf das, was fehlt, sondern auf das, was da ist. Dankbar sein heißt dann, einen Ausgleich zu schaffen und im gleichen Maß zu geben, wie man empfangen hat. Dankbarkeit ist die Grundidee von Gerechtigkeit, aber eine ganz andere als die juristische. Das ist die zentrale Idee des Apostels und klugen Theologen Paulus: Für Gott gilt eine andere Gerechtigkeit als für uns Menschen.

Jesus hat ein Gleichnis erzählt, in dem dieser große Gedanke in erstaunlich einfacher Form zum Ausdruck kommt. Es ist die Geschichte von den Arbeitern im Weinberg.

Das Himmelreich gleicht einem Hausherrn, der früh am Morgen loszog, um Tagelöhner für seinen Weinberg einzustellen. Als er mit ihnen über den Lohn einig war – einen Silbergroschen pro Tag –, schickte er sie zur Arbeit in den Weinberg. Vormittags um 9 sah er noch welche nichtstuend auf dem Marktplatz herumstehen und sagte: »Geht auch ihr arbeiten in den Weinberg. Ich werde euch gerecht bezahlen.« Und sie gingen hin. Um 12 Uhr mittags, um 3 Uhr am Nachmittag und noch einmal um 6 Uhr am Abend tat er dasselbe. Um 8 Uhr abends fand er immer noch welche am Markt und sagte: »Warum steht ihr den ganzen Tag untätig herum?« Sie sprachen: »Es hat uns niemand eingestellt.« Da stellte er sie auch ein und schickte sie zur Arbeit in den Weinberg.
Als es dunkel wurde, sprach der Herr des Weinbergs zu seinem Verwalter: »Ruf die Arbeiter, und

gib ihnen den Lohn. Fang bei den letzten an, und dann bis zu den ersten.« Da kamen, die um 8 Uhr abends eingestellt wurden, und bekamen je einen Silbergroschen. Und als die ersten an die Reihe kamen, dachten sie, sie würden mehr bekommen;

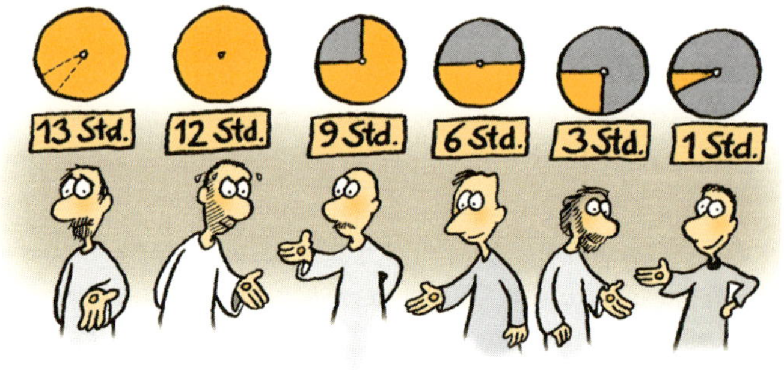

aber auch sie erhielten jeder einen Silbergroschen. Da murrten sie gegen den Hausherrn: »Die Letzten haben nur eine Stunde gearbeitet, doch du hast sie uns gleichgestellt, die wir doch den ganzen Tag in der Hitze gearbeitet haben.« Da sagte der Herr zu einem von ihnen: »Mein Freund, ich tue dir doch nicht unrecht. Du warst doch mit einem Silbergroschen einverstanden. Nimm, was dir gehört, und geh! Ich will den Letzten genauso viel geben wie dir. Habe ich nicht die Macht, mit dem, was mir gehört, zu tun, was ich will? Bist du sauer darüber, dass ich so gütig bin? Die Ersten werden die Letzten und die Letzten die Ersten sein.«

Matthäus 20,1–16

Alle erhalten den gleichen Lohn. Das ist für Menschen ungerecht. Für Gott aber ist es gerecht. Er gibt jedem, was er für diesen einen Tag braucht. Mit den Ersten wird ein fairer Lohn dafür ausgehandelt. Die anderen werden – jeder in unterschiedlichem Maße – beschenkt. Jesus quantifiziert nicht. Er lässt sich nicht ein auf Steuerdiskussionen oder Wirtschaftsdebatten. Seine Gerechtigkeit ist unserem Feilschen und Vergleichen himmelweit überlegen. Seine Gerechtigkeit ist Reichtum und Fülle, grenzenloses Sich-Verschenken, etwas ganz anderes als unser Angeben und Beneiden, unser Nachrechnen und Verteilen, unser Verschwenden und Geizen. Was er uns gibt, können wir nie bezahlen, nie gutmachen, aber auch nie zerstören. Alles, was wir tun können, ist danken.

Der amerikanische Philosoph Ken Wilber ist überzeugt, dass sich politische Parteien und Programme vor allem durch ein Merkmal unterscheiden lassen: durch ihre Antwort auf die Frage, warum es Arme gibt. Die einen sagen: Arme sind Opfer der Verhältnisse, ihrer sozialen Herkunft, ihrer Gene, der Unterdrückung durch andere. Sie haben keine Chance. Sie brauchen Hilfe von außen. Die anderen sagen: Arme sind schwache Menschen, sie entwickeln zu wenig Zuversicht, sie schieben Verantwortung auf andere, sie erliegen ihren Versuchungen. Dabei könnten es alle schaffen. Sie brauchen Ermutigung, ihre Kraft kommt von innen.

Wer hat recht? Jeder kann mit anrührenden Einzelfällen, treffsicheren Analysen und aufwendigen Statistiken seine Meinung unterfüttern. Die beiden Systeme werden ewig miteinander streiten. Immer wieder sieht es so aus, als würde eines gewinnen. Nach dem Ende der großen sozialistischen Systeme und dem Zerfall des Sowjetreichs dachte man, das kapitalistische Modell hätte gesiegt. Zurzeit aber gehen die Befürchtungen in die entgegengesetzte Richtung: Die internationalen Finanzmärkte erweisen sich als gigantisches Spielkasino, das willkürlich Preise fallen und vor allem steigen lässt, wodurch Menschen ihren Besitz und sogar ihr Leben verlieren.

Diese beiden politischen Grundideen – Opfer der Verhältnisse oder Opfer der eigenen Schwäche – finden sich auch im Inneren jedes Menschen: Mal bin ich Opfer, völlig am Boden zerstört von ungerechten, riesigen, globalen Machtstrukturen, gegen die ich ein winziges Krümelchen bin. Oder ich bin erleichtert, weil ich mir angesichts solch übermächtiger Gegner keine Vorwürfe machen muss. Dann wieder könnte ich platzen vor Optimismus, was noch alles in mir steckt und welches enorme Glück auf mich eines Tages noch kommen könnte. Oder ich bin verzweifelt über meine Unfähigkeit, die angebotenen Möglichkeiten beim Schopf zu packen.

JesusLuxus-Anregung: Ihr persönlicher Erntedankaltar

Errichten Sie in Ihrer Wohnung Ihren eigenen kleinen Erntedankaltar. Dazu muss nicht Erntedankzeit sein. Der Altar braucht nicht so groß zu sein wie die Altäre in den Kirchen. Ein oder zwei kleine Symbole genügen: etwas, das Sie selbst geerntet haben, ein Symbol für Ihre eigene Arbeit, Ihre Fähigkeiten, Ihre Früchte und Ihre Dankbarkeit dafür.

Was auf einem Erntedankaltar in einer Kirche steht, wird nicht angebetet. Wir beten nicht den großen Kürbis an, nicht den Laib Brot und auch nicht das Auto oder das Foto unserer Kinder. Was auf dem Erntedankaltar steht, ist ein Gebet zum Anfassen und Anschauen. Ein ganz einfaches Gebet. Es lautet: danke.

Das Gleichnis von den Arbeitern im Weinberg sitzt quer zu allen politischen Richtungen und zu allen Widersprüchen in unserem Inneren. Es lenkt den Blick auf die kleine und doch unendlich wertvolle Münze, die wir jeden Tag erhalten und die in keine weltliche Währung umgerechnet werden kann. Gnade hat der Apostel Paulus das genannt, die Fülle der Gnade. Oder Sie nennen es – JesusLuxus.

Die Früchte sehen

Wenn ich Menschen bitte, von den Früchten ihrer Arbeit zu erzählen, dann stöhnen sie manchmal. Ach, sagen sie, da sieht man doch nichts. Ich sitze am Telefon, ich verwalte doch nur, seufzt ein Büroangestellter. Ich putze doch bloß, kümmere mich um die Kinder, sagt eine Hausfrau. Aber nach etwas Nachdenken findet dann doch jeder ein Symbol für seine wirklichen Früchte, und er ist überrascht und froh darüber. Ein Versicherungskaufmann hat einmal von einem Kunden ein Dankschreiben bekommen. Bei einem Wasserschaden hatte der fast alles verloren, aber durch die Versicherung konnte er wieder neu anfangen. Diesen Brief hat der Kaufmann aufgehoben, und manchmal erinnert er ihn daran, dass hinter den Zahlenkolonnen auf seinem Schreibtisch richtige Menschen stecken, Schicksale und Hoffnungen.

Vielleicht ist das sogar das Wertvollste, was wir auf den Altar stellen können: unsere Beziehungen. Das ist der Acker, auf dem vor allem die Frauen säen, und zwar großzügig. Eine Mutter und Hausfrau hat ein Konfirmationsfoto von ihrem Sohn auf den kleinen Altarplatz gestellt. Sie ist dankbar, dass sie es

14 Jahre lang geschafft hat, ihn zu ernähren, ihn zu trösten, wenn er als Baby nachts aufgewacht ist, ihn zu waschen, zu wickeln, anzuziehen, ihn zu pflegen, als er krank war, ihn zu loben und auch zu kritisieren, ihn zu ermutigen und zu lenken. Und jetzt steht er einfach da, lächelnd und noch etwas unsicher, aber schon fast so groß wie ein Baum.

Wenn Sie Ihre Freunde, Kinder, Verwandten und alle anderen Menschen, mit denen Sie verbunden sind, auf Ihren kleinen privaten Erntedankaltar stellen, dann geschieht etwas Besonderes: Der Dank fließt gleichsam zurück in diese Beziehungen. Er stärkt und vertieft sie. Der Segen und die Liebe fließen, und alle werden mit allen verbunden sein. Dann werden wir wirklich rein sein, in jeder Beziehung, und wir können jederzeit freigebig sein. Dann werden viele Menschen Gott danken – wegen genau dieser Gaben.

JesusLuxus-Anregung: Beten Sie »groß«

Das deutsche Wort »Gebet« kommt von »bitten«. Daher beten viele Menschen in einer typischen Demutshaltung nach dem Motto: »Ich bin klein, mein Herz ist rein.« Das Gebet an sich gilt als Einrichtung für Notsituationen, wenn man Probleme hat und Hilfe braucht. Ändern Sie das. Beten Sie auch einmal, wenn Sie gut gelaunt sind. Beten Sie im Bewusstsein, Gott und dieser Welt gegenüber nicht klein zu sein, sondern von eindrucksvol-

ler Größe – immerhin sprechen Sie ja mit diesem enorm großen Gott, und er hört Ihnen zu! Beten Sie nicht nur in Bittform, sondern auch in der Form eines begeisterten Lobgesangs, in Form eines Dankgedichts oder völlig ohne Worte, nur staunend. Lassen Sie sich von den Texten alter Meister inspirieren, etwa von dem folgenden Gebet aus der syrischen Clemensliturgie, einer der ältesten Gottesdienstordnungen aus einer der ältesten Kirchen der Christenheit. Es hat die Freude über den Reichtum Gottes in ganz besonderer Weise eingefangen:

Guter Gott,
unerforschlicher, unermesslich tiefer Grund des Friedens,
unerschöpfliches Meer der Liebe,
nie versiegende Quelle allen Segens
und großzügiger Geber aller Zuneigung und Sympathie:
Du sendest Geschenke allen denen, die sie annehmen.
Öffne uns jetzt und heute und hier,
damit wir Platz haben in uns
für das Meer deiner Liebe,
erfrische und überrasche uns
mit dem überquellenden Strom des Reichtums
deiner Gnade,
der aus dem köstlichen Brunnen deiner
Freundlichkeit sprudelt.
Mache uns zu Kindern der Ruhe
und zu stolzen Erben deines Friedens,
der wertvoller ist als alle Schätze der Erde.
Entzünde in uns das Feuer deiner Liebe,
und wenn es auszugehen droht, blas in die Glut.
Lege in uns den Samen deiner Frucht;
stärke unsere Kraftlosigkeit durch deine überlegene Macht;
und binde uns ganz eng an dich und aneinander
im festen und unlöslichen Band der Einheit,
das du in unsere Herzen gegeben hast von Anfang an,
als du uns erdacht und geschaffen hast.
Dein Lob steigt in uns auf wie ein großer Fluss.
Du Herrscher über alle Herrscher, Schöpfer,
Ernährer, Tröster,
wir danken dir.
Amen

Der Luxus, die Unendlichkeit zu spüren: Jesus unter dem Sternenhimmel

Diese letzte Jesusgeschichte steht nicht in der Bibel, und doch bin ich sicher, dass sie stattgefunden hat: Jesus sitzt nachts unter dem Sternenhimmel. Er setzt zu einem Lobpreis an, vielleicht mit den Worten eines Psalms: »Wenn ich den Himmel sehe, deiner Hände Werk, wie sind deine Werke so wundervoll und groß!« Er fragt sich, wie sich Menschen immer wieder gefragt haben: Wozu ist das alles geschaffen, warum hat all das stattgefunden, Vater? Und er beginnt zu ahnen: Vielleicht, Gott, hast du all das seit Milliarden von Jahren vorbereitet für diesen einen Moment, für diesen meinen Blick in den Himmel, dieses dankbare

Schauen auf die Schöpfung, für diesen meinen inneren Jubel darüber, dass ich Augen habe, all das zu sehen, dass ich ein Gehirn habe, all das zu begreifen, einen Mund, das zu sagen, und ein Herz, um mich darüber zu freuen und zu singen und zu tanzen.

Notwendig sind wir Menschen für diese Schöpfung nicht. Die Sterne entstehen und vergehen ohne unsere Hilfe. Die Planeten kreisen ohne unser Zutun. Wir Menschen sind entstanden in einem Wimpern-

schlag der unvorstellbar langen Geschichte der Erde, in einer unglaublich seltenen Sondersituation, in der die biologischen und chemischen Verhältnisse auf diesem Planeten organisches Leben zugelassen haben, in der sich komplexes Leben entwickeln konnte und zum Schluss wir Menschen entstanden.

Die Chance ist unendlich klein, dass sich diese Verkettung glücklicher Umstände auf irgendeinem Planeten irgendeines anderen Sonnensystems wiederholt oder wiederholt hat. Und selbst wenn es auf so einem Planeten Bedingungen für organisches Leben gäbe, wäre die Wahrscheinlichkeit mikroskopisch klein, dass dieses Ereignis zeitlich mit unserem Auftauchen im Universum zusammenpasst. Man kann sich das mit einem Vergleich vor Augen führen: Würden wir die gut vier Milliarden Jahre, die unsere Erde alt ist, auf ein Jahr verdichten, dann hätte das Technikzeitalter der Menschheit stattgefunden in den letzten Sekunden des 31. Dezember. Doch selbst wenn sogar das passen würde, die letzte Voraussetzung bleibt unerfüllbar: Unsere Nachbarn im Weltraum dürften nicht weiter entfernt sein als 30 Lichtjahre. Nur dann könnte ein Mensch, der als 20-Jähriger ein Signal aussendet, mit einer Antwort innerhalb seiner eigenen Lebenszeit rechnen. Dass andere Wesen zu uns reisen, bleibt wegen der enormen Reisezeiten ausgeschlossen. Ein Raumschiff vom nächsten Fixstern Alpha Centauri wäre, bei maximal denkbarer Geschwindigkeit, mehrere Tausend Jahre unterwegs, sodass über 100 Generationen ausschließlich an Bord dieses Gefährts hätten überleben müssen. Wer sollte so etwas wollen oder gar durchhalten? Nein, wir bleiben hier allein – und einzigartig.

Fasten und Verschwendung

Die Fastenaktion »7 Wochen ohne« der evangelischen Kirche stand im Jahr 2008 unter dem Motto »Verschwendung!« mit dem Untertitel: Sieben Wochen ohne Geiz. Arnd Brummer, Chefredakteur der Zeit-

schrift *Chrismon* und geistiger Vater dieser Aktion, schrieb dazu:

»Eine geizige Welt schlittert in eine zweite Klimakatastrophe, eine soziale: außen die Erderwärmung, innen die Eiszeit kalter Berechnung. Was wir Christen brauchen, ist verschwenderische Liebe, denn sie nährt. Verschwenden Sie Zeit an Ihre Freunde, verschwenden Sie Ihr Geld für eine gute Sache, verschwenden Sie Liebe, genießen Sie, und bleiben Sie genießbar.«

Bernhard von Clairvaux hat einmal gefragt: »Aus welchem Grund und mit welchem Maße soll man Gott lieben?« Und er hat die Frage selbst beantwortet: »Der Grund, weshalb wir Gott lieben sollen, ist ganz einfach Gott. Und das rechte Maß dafür ist die Maßlosigkeit.« Die Schöpfung maßlos preisen, ihre Gaben verschwenderisch genießen, die Liebe verschenken – dadurch kommt die Schöpfung zur Erfüllung, an diesem winzigen Punkt im Universum, auf dem Planet Erde, im Geschöpf Mensch.

Der Luxus Gottes, sich Menschen zu leisten

Das wäre doch ein aufregender Gedanke: Sind wir Menschen am Ende selbst der Luxus, den sich Gott leistet? Wir sind etwas, das diese Schöpfung nicht braucht. Wir sind nicht notwendig für ihre Existenz. Über 99 Prozent der bisherigen Daseinszeit unseres Planeten kam dieser Planet prima ohne uns Menschen aus. Aber machen wir nicht den eigentlichen Reiz dieses gigantischen Unternehmens aus? Vorher blieb das Spektakel ohne Zuschauer. Erst in uns, in unserem Schauen und Bewundern, in unserer Freude und unserem Lobpreis, in unserem verschwenderischen Geben und Nutzen kommt die Schöpfung nach Jahrmilliarden endlich, endlich zu ihrer Erfüllung.

In uns kommt Gott zu sich selbst. In uns glüht nicht nur die Sehnsucht nach dem Lebensnotwendigsten, sondern nach dem Luxus der großen Fülle, weil wir selbst Luxusgeschöpfe sind.

Und es geht noch einen Schritt weiter: In einem einzigen Menschen verdichtet sich all das. In diesem einen Jesus kommt all das zusammen, in ihm werden Gott und Mensch eins. Der Dichter Rainer Maria Rilke hat diesen Luxus, den Gott sich leistet, in einem wunderschönen Satz formuliert:

Du, Gott, hast das Recht, uns zu verschwenden.

Das hat Gott mit Jesus dann auch getan. Es war keine sinnlose Vergeudung, als Jesus am Kreuz starb und das Schicksal von uns allen geteilt und gewendet hat. Sondern es war sinnvolle Verschwendung, aus der Neues entstand. Am Ende unseres Lebens wird Gott auch uns verschwenden. Auch das wird keine sinnlose Vergeudung sein. Es wird die Verschwendung sein, die uns verwandelt und zu etwas Neuem macht. Es wird der ganz und gar vollkommene Luxus sein, voller Licht und Reichtum und Fülle und Pracht.

Letzte JesusLuxus-Anregung: Lassen Sie sich niemals klein machen

Wenn Sie dieses Buch schließen, werden Sie wieder von vielen Reden über den Mangel und die Not umgeben sein. Das Wort Luxus wird oft einen anderen Klang bekommen. In den verbissen geführten sozialpolitischen Diskussionen wird es als abwertendes Schimpfwort gebraucht. Sie werden vielleicht selbst Schmerzen und Leid erfahren oder von Schmerzen und Leid anderer erfahren. Sie werden vielleicht zusammen mit vielen anderen Menschen in große wirtschaftliche Erschütterungen geraten. Es wird Ihnen schwerfallen, in den Dankbarkeitsmodus zu schalten. Das Wort vom JesusLuxus wird Ihnen oft im Hals stecken bleiben.

Und doch: Dieses Wort ist wahr. Keiner soll den luxuriösen Reichtum Ihrer Herkunft schlecht oder lächerlich machen. Oft braucht es gedanklich nur ein paar Millimeter, um aus den Niederungen des allgemeinen Flachlanddenkens herauszuschauen auf das größere Ganze Gottes. Selbst in den dunkelsten Stunden Ihres eigenen Lebens oder in den schwärzesten Epochen unserer Gesellschaft kann es gelingen zu denken: Wir sind groß. Wir sind Geschöpfe eines großen Gottes, mit einer großen Vergangenheit und einer großen Zukunft. Mit der herrlichen Verheißung, dass wir nach jeder Not und jedem Mangel die wahre Fülle des JesusLuxus erleben können. Ja, sogar mitten im Mangel und der Not.

Literatur

Bernanos, Georges, *Tagebuch eines Landpfarrers*, Einsiedeln 2007

Böll, Heinrich, *Werke: Band Romane und Erzählungen 4. 1961–1970*, Köln 1994

Boff, Leonardo, *Kleine Sakramentenlehre*, Düsseldorf [16]2002

Canterbury, Anselm von, *Proslogion/Anrede*, Ditzingen 2005

Caussade, Jean-Pierre de, *Ewigkeit im Augenblick*, Freiburg i.Br. 1940

Clairvaux, Bernhard von, *Das Herz weit machen*, Düsseldorf 1997

Evangelisches Gesangbuch (EG), Ausgabe für die Evangelische Landeskirche in Württemberg, Stuttgart; eingeführt am 1. Advent 1996, 2. verbesserte Auflage 2007

Heschel, Abraham Joshua, *Der Mensch fragt nach Gott*, Berlin 2000

Küstenmacher, Marion/Louis, Hildegard, *Mystik für Kinder*, München 2004

Llull, Ramon, *Felix oder das Buch der Wunder*, Basel 2007

Mello, Anthony de, *Der Dieb im Wahrheitsladen*, Freiburg i.Br. [2]2007

Rilke, Rainer Maria, *Die Gedichte*, Frankfurt a.M. 2006

Roscher, Wilhelm, *Ansichten der Volkswirthschaft aus dem geschichtlichen Standpunkte*, Berlin 1861

Thoor, Jesse, *Gedichte*, Frankfurt a.M. [2]2004

Woolf, Virginia, *Eine Skizze der Vergangenheit* (Originaltitel: A Sketch of the Past), München 2008

Register